D. ORDINAIRE

PROFESSEUR DE L'UNIVERSITÉ

RHÉTORIQUE
NOUVELLE

PARIS
BIBLIOTHÈQUE D'ÉDUCATION ET DE RÉCRÉATION
J. HETZEL, LIBRAIRE-ÉDITEUR
18, RUE JACOB, 18

Tous droits réservés

RHÉTORIQUE
NOUVELLE

PARIS. — IMPRIMERIE L. POUPART-DAVYL, 30, RUE DU BAC

RHÉTORIQUE
NOUVELLE

PAR

D. ORDINAIRE

PROFESSEUR DE L'UNIVERSITÉ

PARIS
BIBLIOTHÈQUE D'ÉDUCATION ET DE RÉCRÉATION
J. HETZEL, LIBRAIRE-ÉDITEUR
18, RUE JACOB, 18

Tous droits réservés

RHÉTORIQUE NOUVELLE

INTRODUCTION

ENTRETIENS FAMILIERS SUR L'ÉLOQUENCE

I

Je ne viens pas vous parler des règles de la Rhétorique : vous les trouverez dans vingt traités, et vos maîtres vous les expliqueront mieux que moi. Il ne faut pas trop médire de ces règles; elles ont pour elles leur ancienneté, l'autorité d'Aristote, de Quintilien, de tous les maîtres de la jeunesse, et l'approbation des Universités. La preuve qu'elles sont reconnues bonnes, c'est que depuis Aristote, qui les a le premier rédigées, elles n'ont pas subi de changement, que tous les modernes qui ont fait des traités de Rhétorique ont copié les anciens, et que, pour vous en donner un, je serais obligé à mon tour de copier les modernes.

Mais est-ce bien la peine, et vous aurai-je rendu un grand service quand j'aurai augmenté le nombre des compilations dont on vous accable? Je respecte infiniment les règles. Je pense avec Cicéron qu'elles sont les auxiliaires utiles du génie, qu'elles l'éclairent, qu'elles guident sa marche, qu'elles lui montrent le but auquel il doit tendre, qu'elles l'empêchent de s'égarer; mais je pense aussi comme lui qu'elles n'ont jamais formé un orateur.

Si l'on faisait un discours éloquent comme on fait une belle pendule, je vous renverrais aux doctes travaux de Rollin et de Le Batteux : là, vous verriez comment on démonte une à une toutes les pièces de l'éloquence et comment on les remet ensuite à leur place. Vous verriez ce que c'est qu'arguments, lieux communs, prosopopée, hypothèse, prolepse, épiphonème, et le reste, leur rôle et leur importance dans la machine. Et quand vous auriez patiemment agencé un à un tous ces rouages, vous auriez fait une belle horloge, bien complète, qui ne marcherait pas.

Que lui manquerait-il? Je serais bien empêché de vous le dire, mais un exemple vous expliquera ma pensée.

Les Grecs du mont Athos ont conservé le goût de la peinture. Ils ont parmi eux des artistes dont la main est fort preste et fort habile. Voulez-vous d'eux un Christ, une Vierge, un saint Georges, ils prennent un pinceau, et, sans carton, sans dessin, sans modèle, ils vous improvisent aussitôt la figure demandée.

Rien de plus expéditif, mais rien de plus insignifiant. Nulle expression, nulle couleur, nulle vie dans leurs esquisses. Ces gens-là, pour peindre l'homme, ne se sont jamais avisés qu'il faut regarder l'homme. Ils travaillent de mémoire, d'après des règles fixes, immuables, qu'ils ont dans la tête et qui, depuis des siècles, se transmettent dans leur école par la tradition et s'y perpétuent par la routine. Le père Anthimès les tient du père Macarios qui les tenait du père Nectarios, et ainsi de suite, en remontant jusqu'au père Pansélinos, qui les a inventées. — « Le corps d'un homme a neuf têtes en hauteur : divisez la tête en trois parties : la première pour le front, la seconde pour le nez, la troisième pour la barbe; faites les cheveux en dehors de la mesure du nez, divisez de nouveau en trois parties la longueur entre le nez et la barbe, etc., etc. » A l'aide de ces principes et d'un compas, on fait un *bonhomme*, on arrive même par l'habitude à le faire sans compas, mais on ne fait pas une œuvre d'art (1).

Remarquez bien qu'Aristote, qui n'était pas un pédant, savait que l'art oratoire, comme tous les autres arts, n'est qu'une imitation de la nature, et qu'en écrivant sa *Rhétorique*, il voulait seulement généraliser ses observations sur l'éloquence, et n'avait pas la prétention d'en tracer les règles. Mais d'autres sont venus, qui ont transformé en procédés les remarques du philosophe et les ont, pour ainsi dire, codifiées. — « Voulez-vous faire un discours, n'oubliez pas qu'il y a trois genres d'éloquence : le genre démonstratif, qui blâme ou qui loue, le genre délibératif, qui conseille ou qui dissuade, le genre judiciaire, qui accuse ou qui défend. De même, il y a trois genres de style, le style simple, le style tempéré et le style sublime. De même encore, il y a trois parties dans le

---

(1) Didron, *Guide du moine Denys*.

discours : l'Invention qui en trouve les matériaux, la Disposition qui les ordonne, l'Élocution qui les fait valoir. Enfin, en décomposant chacune de ces parties, on trouve six éléments (six, entendez-vous bien? ni plus ni moins) : l'exorde, la proposition, la narration, la confirmation, la réfutation, la péroraison, et chacun de ces éléments a ses règles particulières. Ainsi l'exorde doit être modeste et insinuant, la confirmation doit présenter les preuves dans un certain ordre de bataille, les plus fortes en tête et les plus faibles en queue, ou *vice versa*, les plus fortes en queue et les plus faibles en tête, etc., etc. »

Vous sentez déjà vous-mêmes combien il est téméraire de vouloir fixer les règles d'un art comme l'éloquence, que les institutions et les mœurs transforment d'âge en âge, comme les différentes latitudes modifient le tempérament des hommes et la nature des végétaux. Mais si vous voulez m'accorder votre attention, j'espère vous montrer dans l'entretien suivant combien ces divisions sont arbitraires pour la plupart, et ces procédés artificiels.

II

Il n'en est pas des générations d'hommes comme des feuilles des forêts, qui reviennent à chaque printemps, toujours les mêmes. Les peuples, comme les individus, changent de traits et de caractère aux différents âges de leur vie.

Observez-vous vous-mêmes et jetez un regard sur votre passé si court encore et qui vous paraît déjà si long. Tout petits, vous aimiez les contes de fées avec l'ardeur d'une foi naïve; plus grands, l'ogre vous trouvait incrédules et son grand couteau ne vous faisait plus peur. Il vous fallait des récits de combats et d'aventures :

Bayard et Robinson étaient vos héros. Aujourd'hui la poésie et les grandes légendes de l'histoire exaltent vos jeunes cœurs et vous élèvent à des hauteurs d'où vous regardez avec mépris les distractions de votre âge tendre. Hommes faits, la philosophie, les sciences, les arts utiles et pratiques rempliront votre vie. Vieillards, vous aimerez à retrouver dans les livres de morale le tableau du monde où vous aurez joué votre rôle et le souvenir affaibli des agitations de votre cœur.

Ainsi se modifient les goûts des sociétés aux différents degrés de leur enfance, de leur adolescence, de leur maturité et de leur vieillesse.

Les peuplades encore sauvages ne respirent que la joie enivrante des combats et des longs banquets. Il leur faut des hymnes comme les *sagas* des Danois, où ruissellent à longs flots le sang, la bière et l'hydromel.

La période des conquêtes terminée,

quand, las de toujours combattre, ils ont soif de bien-être et de loisirs, ils se font raconter les exploits merveilleux des ancêtres. C'est l'ère des longs récits, des grandes épopées, des Achille et des Roland.

Peu à peu les passions violentes s'apaisent, les barbares se civilisent, les camps se transforment en cités; au fracas de la guerre succède l'harmonie bienfaisante des lois. Une longue paix donne aux hommes le temps de s'étudier et de se connaître : alors naît le théâtre, miroir de la vie humaine. Le génie, à cet âge, est une plante jeune et vigoureuse; ses racines plongent dans un sol vierge; la séve gonfle ses veines et éclate partout en bourgeons : toutes les fleurs de l'art et de la poésie éclosent à la fois sur ses branches.

A cette première ferveur de végétation succède une saison plus calme. L'imagination, jusque-là libre et indomptée, se soumet au frein de la raison. L'homme, en apprenant à réfléchir, apprend à douter:

il se sent agité d'une curiosité inquiète que les traditions qui ont charmé son enfance ne peuvent plus satisfaire. Il veut connaître son origine, sa fin, les lois cachées du monde extérieur, et ce n'est plus aux poëtes, mais aux savants et aux sages qu'il demande l'explication de ces mystères. Le torrent de la puissance créatrice n'est pas encore desséché, mais il change de direction et passe des sanctuaires des dieux dans les écoles des philosophes.

L'intelligence est comme une terre qui s'épuise par le luxe de sa fécondité. Bientôt le travail de production se ralentit : les œuvres originales n'apparaissent plus que de loin en loin, pareilles aux plantes attardées, pâles éclosions des derniers feux de l'automne. Quand elles ont entièrement disparu, on se console dans la contemplation des productions antérieures de l'impuissance de produire, comme le vieillard jouit par le souvenir des joies que l'âge lui refuse. On analyse, on compare, on fait des classifications, on établit des genres et des règles. C'est le règne de la critique.

Des esprits laborieux essayent encore de reproduire par l'imitation les chefs-d'œuvre des maîtres. Travail inutile! On ne ressuscite pas les genres épuisés. Ces imitateurs ressemblent aux solitaires de la Thébaïde qui, perdus dans leurs déserts, demandaient aux voyageurs : Bâtit-on encore des villes? Célèbre-t-on encore des mariages?

Voulez-vous avoir une idée de la puissance du courant qui emporte les œuvres humaines, jetez les yeux sur votre siècle et arrêtez-vous un instant à considérer avec moi les étonnantes modifications que les mœurs ont apportées dans nos goûts littéraires.

L'épopée est morte; la tragédie antique, hôtesse des palais et des cours, est descendue dans la rue, elle a échangé sa pourpre pour les haillons du drame populaire; la chanson a pris les ailes de l'ode;

la fable, cessant d'être une simple leçon de morale, s'est armée de l'aiguillon de l'abeille et s'est transformée en drame satirique; le roman, fleur obscure chez les anciens et presque inaperçue, est devenu chez nous un arbre immense qui couvre tout de son ombre, mœurs, histoire, politique, sciences, arts, et qui menace d'absorber tous les autres genres; l'éloquence a quitté l'ample toge, la vaste tribune, les horizons de la place publique, les grands mouvements des grandes multitudes; elle s'est enfermée dans d'étroites enceintes, elle a pris le frac noir, les gestes sobres et mesurés, la convenance digne et froide des salons bourgeois.

Tout, dis-je, s'est rajeuni et transformé, et vous viendrez, esclave des traditions, les yeux fixés sur les modèles antiques, m'imposer les conventions des âges qui ne sont plus! Vivre pour l'art, c'est renaître, c'est se renouveler comme la nature, qui, sans cesse, renouvelle ses aspects. Si je travaille d'après vous, je travaille d'après les règles, et non d'après la nature. Je ne crée pas, je n'invente pas, je copie, je calque. Je ressemble aux moines du mont Athos, qui croient faire des œuvres d'art et qui font des bonshommes.

III

La jeunesse a ce défaut (ou si l'on veut cette qualité) de pousser les principes à leurs extrêmes conséquences. Je vous vois déjà sourire et vous demander, puisque les règles sont inutiles et que l'éloquence ne s'apprend pas, à quoi bon ces Entretiens sur l'éloquence.

N'allez pas si vite. Je pense en effet que l'éloquence ne peut s'apprendre, parce qu'elle est un don naturel que ni l'expérience ni l'étude ne sauraient donner, et qui tient à la délicatesse des organes, à la vivacité des impressions et à la facilité de les exprimer par des images sensibles.

Mais l'éloquence n'est pas la faculté oratoire. Permettez-moi, pour bien vous faire sentir la différence de ces deux choses, de recourir à des exemples.

Un homme du peuple a été témoin d'une scène qui a profondément remué les rudes fibres de son être, d'une lutte par exemple, d'un meurtre, d'un suicide. Vous le rencontrez, sa figure parle; l'horreur, la colère, la pitié sortent de tous ses traits. Il ne raconte pas ce qu'il a vu, il le peint avec des gestes expressifs, des mots trouvés, qui vous font voir le lieu du drame, ses incidents, ses acteurs. Son émotion vous gagne, vous frémissez, vos larmes coulent. Lisez le lendemain le même fait dans un journal, vous êtes étonné de rester froid. Évidemment cet homme était éloquent, — et cependant il n'était pas orateur.

Écoutez un artiste vous parler des choses de son art, un plaideur de son procès, un amateur de sa collection, un sportman de son écurie : tous ces gens-là sont éloquents, — et cependant ils ne sont pas orateurs.

Au début des crises révolutionnaires, il y a des moments où les foules hésitent, incertaines de ce qu'elles doivent faire et comme effrayées des conséquences de leur audace. Il se fait alors des silences terribles, menaçants comme le calme qui précède les grands orages. Qu'un homme alors monte sur une borne, qu'il trouve le mot de la situation, le mot qui grondait sourdement au fond de tous les cœurs, et qui tout à l'heure éclatera comme un tonnerre sur la cité en feu, aussitôt voilà les passions déchaînées. Ce démagogue de circonstance, ce boute-feu d'occasion descend de son piédestal et va se perdre dans les flots populaires qu'il a soulevés. Son rôle est fini, il a été éloquent une fois en sa vie, — jamais il ne sera orateur.

Voyez-vous maintenant la différence qu'il y a entre l'éloquence et la faculté oratoire ? L'éloquence est un don fort commun que la nature accorde aux hommes comme le chant aux oiseaux, l'adresse aux singes et la vivacité aux écureuils. La plupart ont leurs moments et, pour ainsi dire, leurs échappées d'éloquence : c'est quand ils sont assez frappés d'un objet pour pouvoir communiquer aux autres l'impression qu'ils ressentent. Mais ce don, sans le travail qui le transforme et en fait un art, languit et demeure stérile.

J'emprunte aux soldats une de leurs expressions pittoresques qui rendra encore mieux ma pensée. Ils distinguent les braves de jour et les braves de nuit. Les premiers sont les conscrits que la poudre grise et qui, sous l'œil de leurs chefs et de leurs compagnons, sont capables de faire des prodiges, — sauf à se débander au premier sauve qui peut. Les braves de nuit sont les vétérans accoutumés à la canonnade, aux alertes, à la faim, au froid, aux fatigues, que rien n'étonne, qui sont toujours prêts à faire face aux dangers, et qui dorment l'arme au bras.

Le conscrit c'est vous, c'est moi, c'est l'homme éloquent par secousses. Le vétéran, c'est l'orateur.

On peut donc apprendre l'art de l'éloquence comme on apprend le métier de la guerre, et le proverbe ancien n'a pas tort qui dit : « On naît poëte et on devient orateur. »

Mais comment le devient-on ?

IV

Cette question est si importante que, ne me sentant pas les forces de la résoudre tout seul avec vous, je vais appeler un tiers à mon aide. Ce tiers est un vieux juge de ma connaissance, fort aimable malgré ses rhumatismes, et fort jeune encore d'esprit malgré ses soixante et douze ans, — lequel eut avec un jeune avocat de ses amis une conversation que je vous demande la permission de relater tout au long.

Le Juge. — Eh bien, mon jeune ami, vous venez de plaider votre première cause ?

L'Avocat. — Oui, monsieur, et vous m'en voyez encore tout ému.

Le Juge. — En effet, mais cette émotion est d'un bon augure pour l'avenir, et il me prend envie de vous dire comme Diogène à un jeune homme de votre âge : « Courage, enfant ; ce sont les couleurs de la vertu ! » Contez-moi votre affaire, cela me rajeunira d'une bonne quarantaine d'années.

L'Avocat. — Volontiers. Je plaidais pour un paysan accusé d'avoir volontairement mis le feu à sa maison. Malheureusement mon client venait d'assurer son immeuble pour un prix fort au-dessus de sa valeur. En outre, il était mal dans ses affaires, écrasé de dettes et d'hypothèques. Enfin, l'incendie avait gagné les maisons voisines et dévoré le tiers du village. Du reste, nulle preuve positive, des propos suspects, un alibi contesté, un empressement à se justifier plus propre à appeler sur lui les soupçons de la justice qu'à les détourner.

Le Juge. — Mauvaise cause, très-mauvaise. Les jurés n'aiment pas les incendiaires.

L'Avocat. — Aussi ai-je appelé à mon secours toutes les ressources de la rhétorique. Dans un exorde insinuant et modeste, j'ai regretté qu'une affaire aussi grave, aussi délicate, fût confiée à mon âge et à mon inexpérience. J'ai déploré l'insuffisance de mes forces et appelé sur moi l'indulgence de la cour et du jury.

Le Juge. — Et après ?

L'Avocat. — Après, j'ai exposé le sujet, j'ai brièvement raconté les faits, m'attachant à les présenter sous le jour le plus favorable à l'accusé. C'est la partie aride et ingrate de ces sortes de causes : l'inspiration s'y sent mal à l'aise et l'éloquence y étouffe. Aussi ai-je glissé légèrement sur la proposition et la narration. Arrivé à la confirmation...

Le Juge. — Ah ! c'est là que je vous attends. Comment vous êtes-vous tiré de ce pas difficile ?

L'Avocat. — J'avoue que j'étais fort embarrassé. De fortes présomptions morales s'élevaient contre nous, et le ministère public les avait fait valoir avec un art perfide. D'un autre côté, les rares preuves matérielles sur lesquelles nous aurions pu fonder notre innocence m'entraînaient dans des détails fastidieux, dans des développements maigres et diffus. Je me hâtai de sortir de cette impasse. Un lieu commun se présentait naturellement :

la présomption favorable tirée des bons antécédents de l'accusé; je m'en empare comme le naufragé de sa planche, je développe avec chaleur le fameux argument d'Hippolyte dans *Phèdre* :

> Un seul jour ne fait pas d'un mortel vertueux
> Un perfide assassin, un lâche incestueux.

Puis je cours à la péroraison. Je la fais vive, entraînante, pathétique. Je montre un brave homme luttant par un travail acharné contre l'hydre de l'usure et jetant pièce à pièce son pauvre patrimoine dans la gueule du monstre, sans pouvoir l'assouvir. Une dernière catastrophe vient achever sa ruine : l'incendie. Il perd son dernier abri, le toit de ses ancêtres... il perd un bien plus précieux, le trésor du pauvre, l'estime de ses concitoyens. Chargé des imprécations publiques, déshonoré à jamais, il subit les horreurs de la prison préventive, l'infamie de la sellette et d'un jugement public. Enfin, je montre sa famille dans les larmes, dans le désespoir, ses enfants implorant la pitié publique et ne recevant que l'outrage. Je fais appel aux sentiments des jurés, je remue leurs entrailles paternelles... plusieurs d'entre eux donnent des marques visibles d'émotion; le président de la cour me fait des signes répétés de bienveillance : les dames tirent leurs mouchoirs...

Le Juge. — Et vous perdez votre cause.

L'Avocat. — Justement. Mon client est condamné aux travaux forcés à perpétuité.

Le Juge. — Cela ne m'étonne pas, je m'y attendais.

L'Avocat. — Comment! et vous aussi vous nous condamnez?

Le Juge. — Sans appel. Vous avez fait un fort beau discours qui n'a pas le sens commun.

L'Avocat. — Vous me désespérez. De ma vie je ne plaiderai mieux.

Le Juge. — Permettez-moi de ne pas

être de votre avis. Vous avez pour vous la jeunesse, le talent, l'ambition de bien faire : plus tard vous réussirez. Mais cette fois vous avez fait un discours d'écolier. Vous n'avez vu que les règles et non votre auditoire; vous vous êtes inspiré de vos souvenirs et non de la circonstance. Quoi! vous avez devant vous un jury composé de bourgeois et de paysans, pour qui un attentat à la propriété est le plus grand des crimes, que le seul mot d'incendie fait frémir pour leurs maisons, leurs récoltes, leurs troupeaux, et, au lieu de vous présenter avec le calme de la confiance, au lieu de dire : Messieurs, le hasard ne pouvait m'offrir pour mon début une affaire plus simple, où l'innocence de l'accusé éclatât plus manifestement et fût plus facile à démontrer, — vous allez parler de votre âge, de votre inexpérience, de la difficulté du procès; vous allez appeler sur vous l'indulgence de ces braves gens, résolus d'avance à punir, je ne dirai pas le crime, mais l'ombre du crime d'incendie, comme si vous doutiez de la bonté de votre cause, comme si elle était déjà perdue à vos yeux et désespérée !

L'Avocat. — Mais les règles, monsieur ! Est-ce que l'exorde ne doit pas être modeste et insinuant ?

Le Juge. — Laissez donc là vos règles. Il n'y a pas d'exorde modeste et insinuant ; il y a des exordes appropriés aux circonstances, à la nature du procès, au caractère de l'auditoire. Les traités ne les enseignent pas, le bon sens les trouve et le talent les exploite... Toutefois, après ce premier pas de clerc, rien n'était perdu, vous pouviez encore vous sauver.

L'Avocat. — Comment ?

Le Juge. — Par le débat contradictoire des faits et des preuves. Au lieu de glisser, comme vous avez fait, sur ce que vous appelez la proposition et la confirmation, il fallait au contraire insister sur cette partie, reprendre un à un les détails de l'acte d'accusation, les retourner en faveur de votre client, combattre pied à pied les allégations du ministère public et pulvériser son réquisitoire.

L'Avocat. — Mais c'est là l'ennuyeux.

Le Juge. — C'est là le nécessaire. Tout le procès était là. Réfléchissez-y donc. Si vos jurés conservent le moindre soupçon, si l'innocence de l'accusé ne leur apparaît pas aussi claire que la lumière du jour, plus de pitié à attendre d'eux; ils se renferment dans la résolution inflexible de sévir. Vous pouvez passagèrement les émouvoir, mais bientôt la crainte, l'intérêt privé parlent plus haut que vos belles phrases. Vous gagnez l'estime de la cour, l'admiration des dames, la sympathie du public, mais vous perdez votre péroraison, votre pathétique et votre procès.

L'Avocat. — Je suis forcé de me rendre à vos raisons; vos critiques m'éclairent, mais elles me découragent. Je crains bien d'avoir fait fausse route en choisissant la profession d'avocat, et il ne tient à rien que je ne jette ma toge aux orties et ma toque par dessus les moulins.

Le Juge. — Ta, ta, ta, voilà bien mes jeunes gens ! présomptueux ou abattus, toujours allant d'un extrême à l'autre. Vous réussirez, vous dis-je, mais il faudra du temps. Paris, comme on dit, ne s'est pas bâti en un jour; on ne monte pas d'un saut, à pieds joints, de l'école au Panthéon, et il faut avoir perdu vingt causes pour devenir un bon avocat, comme il faut avoir tué au moins vingt malades pour devenir un bon praticien. D'abord jetez-moi au feu vos livres de rhétorique : vous en avez tiré au collége tout ce que vous en pouviez tirer : vous n'en avez pas plus besoin aujourd'hui que de votre première grammaire ou de votre premier dictionnaire. Lisez les grands modèles, non pour les imiter, les temps ne sont plus les mêmes, mais pour vous échauffer à la flamme de leur éloquence. Voyez dans quelles circonstances leur génie s'est développé : l'étude du passé vous donnera de grandes lumières pour connaître le présent : je ne sais pas de travail plus profitable que la comparaison des mœurs antiques avec celles des temps modernes. Exercez-vous fréquemment à la parole dans la société des jeunes gens de votre âge : des discussions sur des points de droit, des improvisations sur des questions générales ayant trait à la politique, à la morale, à la science, à la philosophie, sont une excellente gymnastique oratoire. C'est l'exercice en attendant le combat, c'est la petite guerre en attendant la grande. Liez-vous, si vous pouvez, avec les grands orateurs de notre temps : nous n'en manquons pas, Dieu merci. Écoutez docilement leurs conseils, assistez à leurs conférences, suivez toutes leurs plaidoiries; mais gardez-vous, au nom du ciel, de copier leurs gestes et leur déclamation, vous ne leur prendriez que leurs défauts.

De la pratique surtout, une pratique constante, journalière. Il n'est lame si fine qui ne se rouille à la longue dans le fourreau. C'est le champ de bataille qui fait le soldat, c'est le barreau qui fait l'avocat. (J'en reviens toujours à mes comparaisons militaires; mais qu'est-ce que la parole, sinon le glaive de la paix?)

Acceptez donc toutes les causes, j'entends les bonnes, et il n'y a de bonnes causes que les causes justes. Quant à vos intervalles de loisir, ne les passez pas dans votre cabinet : le cabinet est l'école des pédants, la vie est l'école des hommes pratiques. Qu'est-ce aujourd'hui qu'un avocat qui ne sait que son code? Un paysan là-dessus lui en remontre quelquefois. Mêlez-vous au monde, voyez des gens de tout métier, de toute profession. Chaque classe a ses mœurs, ses préjugés, et, si j'ose dire, son jargon que vous devez connaître. Que le commerce, l'industrie, la finance, les arts, n'aient pas de secrets pour vous.

Exigera-t-on moins de science d'un avocat pour faire une plaidoirie qu'il n'en fallait à Balzac pour écrire un roman? Soyez lettré surtout. Je sais des gens de robe qui n'ont dans leur bibliothèque que des livres de droit, et qui s'en vantent. Se fait-on l'idée d'une barbarie pareille dans la patrie de Montesquieu? Vous avez fait, je le sais, d'excellentes études littéraires, n'en perdez pas le fruit. Lisez et relisez sans cesse nos classiques, ces maîtres immortels dans l'art de bien dire, mais ne méprisez pas les contemporains. Nous avons d'excellents travaux de critique et d'histoire, étudiez-les : feuilletez même les romans, les brochures, ce qu'on appelle la littérature courante; vous y trouverez du bon quelquefois, et d'ailleurs un homme d'esprit tire profit de tout, du mauvais comme du bon. Enfin, rappelez-vous que vous ne saurez jamais assez tant qu'il vous restera quelque chose à apprendre. Un dernier mot. Eussiez-vous un génie de premier ordre, tout cet apprentissage ne fera pas de vous un grand orateur si les occasions vous manquent et si vous n'avez à plaider que des questions de mur mitoyen; mais, quand vous aurez acquis un talent éprouvé, les occasions ne vous manqueront pas.

En donnant ces conseils à son jeune ami, le bon vieillard nous montre toute tracée la route que nous devons suivre. Donc, au lieu de nous égarer dans les broussailles de la rhétorique, nous allons, sur la foi de cet excellent guide, suivre la marche de l'éloquence à travers les âges. Ce voyage terminé (et je ferai en sorte de vous en abréger les longueurs), nous reviendrons au logis, c'est-à-dire en France — ou plutôt vous y reviendrez seuls et sans guide, *tandem custode remoto*.

Mon dessein, vous le voyez, n'est donc pas de vous dire : Voilà ce qu'il faut faire; mais : Voilà ce qu'on a fait, voilà ce qu'on peut faire encore. Nous ferons ensemble une excursion dans le domaine de l'éloquence, mais nous n'en tracerons pas les limites. Pour peu que je réussisse à vous la faire aimer par la contemplation des belles choses qu'elle a produites, je croirai ma tâche heureusement terminée. Je ne puis qu'allumer en vous le feu sacré ; c'est au temps à l'entretenir. Si vous jugez ensuite les circonstances propices et vos forces suffisantes, allez, n'hésitez pas, le champ vous est ouvert; mais ne me demandez pas d'autres conseils, je vous renverrais à ceux de mon vieux juge, ou plutôt à ceux de l'expérience.

PREMIÈRE PARTIE

L'ÉLOQUENCE POLITIQUE

―

I

L'ÉLOQUENCE CHEZ LES PEUPLES SAUVAGES

Aussitôt qu'il y a quelque part des hommes libres et égaux qui délibèrent sur leurs intérêts, vous sentez bien qu'ils sont disposés à les confier à celui qui paraît le mieux les comprendre, et qui a l'art de faire prévaloir ses raisons sur les avis opposés. Et comme la passion du commandement n'est pas moins naturelle aux particuliers que l'instinct de l'obéissance aux multitudes, comme d'une autre part le pouvoir est le prix de la persuasion, vous sentez encore que l'éloquence a dû se former toute seule à l'école de l'ambition.

Aussi toutes les peuplades (sauf peut-être quelques misérables tribus hottentotes, races inférieures, voisines du babouin, comme les Boschimans, qui logent dans des trous, vivent de sauterelles et d'œufs de fourmis, et n'ont pour tout langage qu'une sorte de gloussement inarticulé), aussi, dis-je, toutes les peuplades ont leurs orateurs qui les traînent à leur suite avec cette chaîne d'or de la persuasion, par laquelle les Gaulois, nos ancêtres, figuraient l'irrésistible ascendant de l'éloquence.

« — Mais, direz-vous, peut-on appeler éloquence le langage barbare de quelques chefs grossiers à des hordes plus grossières encore? — » Et pourquoi pas? De même que toutes les variétés des cultes les plus plus étranges sont l'expression d'un seul sentiment, le sentiment religieux, de même toutes les formes du langage sont des canaux qui dérivent d'une même source, l'éloquence, c'est-à-dire la force persuasive.

Que Démosthène pousse les Athéniens à la guerre en déclamant ses Philippiques, ou qu'un Timpabache entraîne sa tribu au massacre et au pillage en brandissant son tomahawk, les moyens sont différents, mais l'effet est le même. Un arc peut atteindre le but comme une carabine : le succès dépend du tireur. L'exaltation furieuse d'un sauvage qui connaît les passions de la foule et qui les partage peut frapper aussi juste que l'art savant et mesuré d'un Athénien.

J'avoue cependant qu'il est plus facile de persuader des Timpabaches que des Athéniens. Vous devinez pourquoi. Le sauvage est une machine fort simple, que deux ou trois rouages tout au plus mettent en branle : l'orgueil national, la haine de la tribu voisine, l'instinct de la vengeance, du pillage et de la destruction. Qui sait mettre à propos le doigt sur chacun de ces ressorts a toute la science oratoire requise chez les Peaux-Rouges.

L'homme civilisé est une pièce plus savante. Il y a bien en lui les éléments primitifs qui composent tout le barbare, mais modifiés par l'éducation et compliqués d'un entrecroisement de petits fils presque imperceptibles, qui échappent à une observation superficielle, et que l'orateur doit avoir patiemment étudiés et comptés, pour ainsi dire, un à un, s'il ne veut pas perdre le fruit de son éloquence.

Ainsi un Européen, blessé dans son honneur, peut être retenu par la religion, le respect des lois, la crainte de l'opinion publique, les conséquences fâcheuses d'un scandale, l'intérêt de sa famille.

Un sauvage insulté est un lion blessé qui saute à la gorge de son ennemi.

Ainsi encore l'orgueil national est commun à toutes les races, mais bien plus puissant chez les races barbares, parce qu'il n'est combattu par aucun sentiment contraire. Réveillez chez celles-ci le souvenir d'un affront, elles pousseront aussitôt le cri de guerre et vous suivront au combat. Tout les y pousse en effet : leurs instincts belliqueux, leur haine du repos, leur amour du butin. L'orateur, pour les entraîner, n'a qu'à leur prouver que la victoire est certaine. Qu'il leur montre seulement les têtes de leurs ennemis scalpées, leurs huttes incendiées, leurs femmes emmenées en servitude, il réduira les partisans de la paix au silence, ou, s'ils protestent, pourra les flétrir impunément du nom de lâches.

« — Que nos jeunes guerriers, s'écrie un vieux chef Sioux, me disent où est Tétao! ils trouveront sa chevelure séchant au foyer d'un Paunie! Où est le fils de Bohréchina? Ses os sont plus blancs que les visages de ses meurtriers. Mahhah est-il endormi dans sa hutte? Vous savez qu'il y a déjà bien des lunes qu'il est parti pour les prairies bienheureuses. Plût au ciel qu'il fût ici ! Il nous dirait de quelle couleur était la main qui a pris sa chevelure. » —

Chacun de ces souvenirs lugubres arrache aux assistants des cris de douleur et de rage. Il faut s'armer, il faut aller exterminer jusqu'au dernier les Paunies et les blancs. Mais qu'ont fait ceux-ci ? Viennent-ils de déterrer le tomahawk ou de faire parler la poudre contre les Sioux ? Non, ils sont des Paunies et des blancs ; voilà leur crime.

« — Depuis que l'eau coule, dit un autre chef, depuis que les arbres croissent, le Sioux a toujours rencontré le Paunie sur le chemin de la guerre. Comme le cougar aime le daim, le Sioux aime son ennemi. Lorsque le loup trouve le faon, le voit-on se coucher et dormir ? Quand le cougar voit la biche, ferme-t-il les yeux ? Vous savez que non. Il boit aussi, mais du sang. Un Sioux est un cougar bondissant; un Paunie est un daim tremblant. Que mes enfants m'écoutent, ils trouveront mes paroles bonnes. J'ai dit. »

Si les tigres pouvaient parler, ils n'auraient pas une autre éloquence.

Clovis dit à ses compagnons : « — Je supporte avec un grand chagrin que ces Ariens de Visigoths possèdent une partie des Gaules. Marchons avec l'aide de Dieu et, après les avoir vaincus, réduisons leur pays en notre pouvoir. » — Et ses compagnons décident par acclamation qu'il faut marcher.

Thierry, son fils, dit aux Francs : « — Rappelez-vous, je vous prie, que les Thuringiens sont venus attaquer vos pères, qu'ils leur ont enlevé tout ce qu'ils possédaient, qu'ils ont suspendu les enfants aux arbres par le nerf de la cuisse, fait périr d'une mort cruelle deux cents jeunes filles, etc., etc. » — Ayant entendu ces paroles, les Francs, indignés de tant de crimes, demandèrent d'une voix unanime à marcher contre les Thuringiens.

Le même Thierry, dans une autre occasion, est plus bref encore, mais n'est pas moins éloquent : « — Suivez-moi en Auvergne, dit-il à ses fidèles, et je vous conduirai dans un pays où vous prendrez de l'or et de l'argent autant que vous en pourrez désirer, d'où vous enlèverez des troupeaux, des esclaves et des vêtements en abondance. » — Et les leudes se jettent avec lui sur l'Auvergne comme une bande de loups.

Supposez que Thierry, au lieu d'être le chef militaire d'un clan barbare, soit le roi constitutionnel d'un des États de l'Europe moderne : il sera obligé de recourir à des procédés oratoires moins sommaires. Il devra, avant de déclarer la guerre, établir aux yeux des autres puissances la légitimité de ses griefs contre la nation ennemie, et prouver qu'il a épuisé, par voie diplomatique, tous les moyens de conciliation. Il devra s'assurer leur alliance ou au moins leur neutralité. Il devra, pour échauffer son peuple, faire répéter le cri de guerre à tous les échos de la presse. Il devra convoquer ses Chambres, non sans avoir préalablement sondé les dispositions des orateurs influents et des premiers personnages politiques. Ces précautions prises, il devra se retirer derrière la toile et laisser en scène ses ministres. Ceux-ci, s'ils sont habiles, commenceront par rassurer les intérêts alarmés. Ils s'adresseront d'abord aux classes aisées et industrielles, naturellement amies du repos et ennemies de l'imprévu : ils leur remontreront la nécessité de la guerre, l'état prospère des finances qui permet de la soutenir longtemps et la redoutable organisation des forces militaires qui permet de la finir promptement. Ils termineront en adjurant les députés, au nom de la patrie, au nom du prince, de voter par acclamation les subsides nécessaires. Mais si, contre toute vraisemblance, ils viennent à se heurter à des obstacles soulevés soit par les scrupules de la prudence, soit par les calculs de l'intérêt, ils feront un appel énergique à la nation et noieront les résistances dans le torrent de l'enthousiasme populaire.

C'est alors seulement que Thierry pourra monter sur son grand cheval de bataille et courir au massacre des Auvergnats.

Vous voyez par ce rapprochement combien, chez les peuples sauvages, la tâche de l'orateur est plus simple que chez nous. On peut dire qu'elle se borne à soulever les passions.

Or, les passions du barbare sont comme les caprices de l'enfant; elles veulent une satisfaction complète et soudaine. A peine a-t-il entrevu l'objet de sa convoitise, qu'il l'atteint d'un bond, comme la panthère sa proie. Au contraire, les passions de l'homme civilisé sont prudentes, patientes, hypocrites, obliques dans leur allure, amies des sentiers couverts et des élans calculés.

Le chef barbare, en face d'une large rivière, se jette à la nage et dit aux siens : Suivez-moi ! L'orateur civilisé cherche un gué ou construit un bateau.

Dans la tribu, où l'action accompagne la parole et souvent la devance, il suffit, pour persuader, d'avoir la main aussi prompte que la langue. Dans les sociétés polies, où la parole n'est que l'éclair qui annonce de loin la détonation, il ne suffit pas d'être entreprenant, il faut avoir raison.

L'éloquence, dans la tribu, n'est que l'expression vraie d'un sentiment; l'éloquence, dans la cité, est un art difficile, mais c'est le plus noble, le plus utile et le plus apprécié de tous les arts.

Suivons-en le développement à travers les civilisations.

II

L'ÉLOQUENCE CHEZ LES GRECS. — AGE HÉROIQUE

Les Grecs dont Homère nous dépeint les mœurs ne sont pas des bêtes de proie comme les sauvages de l'Amérique. Ils ont des cités, des rois, des tribunaux, des arts : ils savent cultiver la terre, construire des vaisseaux, sculpter le bois et la pierre, fondre et ciseler les métaux : ils aiment d'instinct tout ce qui fait le charme et l'ornement de la vie, la poésie, la danse, l'harmonie des instruments, et l'harmonie plus douce encore de la parole éloquente. Ils honorent le vieillard, reçoivent à leur foyer l'étranger suppliant. Ils ne condamnent pas la femme au labeur humiliant de l'esclave et de la bête de somme; ils respectent en elle la compagne de leurs travaux, la mère de leurs enfants. Leurs dieux ne sont pas les fantasques et grossières visions de la peur, mais les représentations idéales des facultés de l'homme et des forces de la nature. Leur âme, douce comme leur climat, s'ouvre facilement aux impressions de la pitié : ils traitent humainement leurs esclaves, pardonnent quelquefois à l'ennemi terrassé, et, dans la rage du combat, détournent leur lance de la poitrine d'un hôte. Ils ont en toute chose un sentiment exquis de la proportion qui n'est pas la beauté, mais qui en est la condition nécessaire. Ils aiment le courage parce qu'il est beau, ils détestent la lâcheté parce qu'elle est laide. La vertu, selon l'idée qu'ils s'en font, c'est la convenance (τὸ πρέπον), c'est-à-dire la parfaite mesure dans tous les actes de la vie, la constante vigilance d'un homme attentif à ne rien commettre qui soit indigne de lui. Ils ont tellement gravée au cœur cette loi de la proportion, qu'ils veulent la retrouver partout, dans la politique de leurs chefs, dans le courage de leurs guerriers, dans les fantaisies de leurs poëtes; dans la parole et l'attitude de leurs orateurs. Rien n'offense plus leur délicatesse instinctive que l'exagération et l'excès. Les manifestations trop libres de la joie ou de la douleur, les effusions désordonnées de l'amour ou de la haine leur paraissent honteuses, moins parce qu'elles révèlent une âme faible et incapable de se contenir, que parce qu'elles sortent des limites de la convenance. Le génie d'un peuple artiste ne se montre pas seulement dans ses œuvres, il éclate dans tous les détails de sa vie. A voir la pose de leurs athlètes dans les luttes, la grâce de leurs jeunes filles dans les chœurs, le geste sobre et mesuré de leurs orateurs, le mouvement régulier et, pour ainsi dire, rhythmique de leurs marches guerrières, on devine que ce peuple porte en germe dans son intelligence tout un monde de belles œuvres poétiques, comme Jupiter portait

Minerve dans son cerveau. Mais à voir aussi leur crainte de la honte, leur amour de la gloire, leur constance dans la douleur, la dignité de leur langage et de leur maintien, on sent des hommes qui, nés libres, savent qu'ils doivent vivre et mourir libres sous l'œil de leurs égaux.

Je ne veux pas dire que ces dehors brillants d'une politesse précoce ne cachaient pas de féroces instincts. Il reste du barbare encore dans les héros d'Homère, et nous sommes loin des siècles de Périclès et de Platon. La guerre de Troie n'est que l'aube de la civilisation grecque; mais il y a peu de jours dans l'histoire des autres peuples qui égalent en éclat cette aube lumineuse.

Comprenez-vous déjà maintenant combien l'éloquence d'un chef Argien doit être supérieure à celle d'un Sioux ou d'un Paunie?

L'orateur grec doit inspirer le respect aux multitudes par l'ascendant de son caractère plus encore que par la supériorité de son courage; il doit se posséder au point de paraître étranger aux passions qu'il excite; il doit, sachant qu'il parle au peuple le plus subtil et le plus délié de la terre, atténuer plutôt que forcer l'expression de ses sentiments; enfin il doit étudier les caractères, ménager les amours-propres et les prétentions rivales, varier selon les hommes, les lieux et les circonstances ses moyens de persuasion. En un mot, l'orateur barbare peut n'être qu'un guerrier, l'orateur grec doit être un politique.

Si vous voulez mieux comprendre encore en quoi cette éloquence naissante de la cité diffère de celle de la tribu, suivez-moi un instant dans le camp des alliés grecs devant Troie.

Ils sont venus de tous les cantons de la Grèce et des îles, tous hardis pirates ou *bons et roides champions de terre ferme* (1),

---

(1) Plutarque, Trad. d'Amyot.

pauvres pour la plupart et habitués à demander au pillage des richesses qu'un sol avare leur refuse. Jusque-là divisés et toujours en lutte, ils ont réuni leurs clans en une seule armée, sous le commandement suprême d'un seul chef, pour venger l'insulte faite au roi de Sparte. Représentez-vous les Francs du moyen âge oubliant leurs haines privées et leurs querelles de châteaux pour suivre Godefroy en Palestine. Mais les croisés sont mus par un sentiment unanime, l'horreur de l'infidèle; tandis que les Grecs, désintéressés pour la plupart dans la querelle de Ménélas, luttent pour une cause qui ne leur est pas personnelle. C'est la persuasion qui les a amenés sur les côtes de l'Asie, c'est la persuasion seule qui peut les y retenir. Le lien qui les unit est donc bien fragile et tout l'art des chefs est employé à le renouer sans cesse.

Mais d'abord ces chefs sont égaux, sinon par le courage, au moins par le rang et les prétentions; de là des chocs continuels d'amour-propre et d'intérêts qui menacent quelquefois de tourner en guerre civile. Vous savez que l'Iliade s'ouvre par la querelle d'Achille et d'Agamemnon. Cette fameuse contestation n'est qu'un épisode des luttes sans nombre qui divisent ces héros : luttes pour la prééminence, luttes pour le partage des dépouilles, luttes pour la possession d'un captif. Contre cet esprit de discorde, que peut faire Agamemnon avec son titre nominal de roi des rois? Ce que fait Godefroy dans le camp des croisés : prier, flatter, promettre, menacer quelquefois et céder presque toujours.

D'un autre côté, ces rois ont en apparence un pouvoir fort étendu : en effet, ils gouvernent par la lance et par le sceptre, ils ont le prestige du guerrier, l'autorité du juge, la majesté du prêtre; ils descendent de Jupiter, source de toute souveraineté. Mais cette puissance en réalité n'est absolue que sur les champs de bataille : l'esprit démocratique des Grecs se réveille dans le camp et trouve déjà des interprètes habiles à souffler la révolte.

Relisez les récits mérovingiens et l'histoire du vase de Clovis, ou plutôt assistez à cette scène qui vous peindra au vif les orages de cette société tumultueuse.

Agamemnon a eu un songe trompeur qui lui annonçait l'heureuse issue de la guerre et la chute prochaine de Troie. Mais les Grecs sont ennuyés des longueurs du siége; il veut les tenter et voir s'ils sont disposés à faire de nouveaux efforts. Il les réunit donc en assemblée, et voici comment il leur parle :

« — Amis, héros grecs, compagnons de Mars; Jupiter, fils de Saturne, m'a lié à la lourde chaîne de la fatalité. Le cruel! il m'avait cependant promis et juré que je ne partirais pas sans avoir ruiné Ilion aux beaux remparts, et voilà qu'il a médité une noire tromperie et qu'il m'ordonne de retourner sans gloire dans Argos, après avoir sacrifié une grande partie de mon peuple! Mais quoi! c'est sa volonté et il est le maître : c'est lui qui abat les têtes des cités et qui en abattra bien d'autres encore; car son pouvoir est sans égal. Mais n'est-ce pas une honte pour nous et pour ceux qui viendront après nous que le peuple des Grecs si brave, si puissant, ait fait une guerre inutile, et qu'aux prises avec des ennemis moins nombreux il se soit retiré sans avoir rien fait? Car supposez qu'après avoir immolé les victimes du serment, il prenne envie aux Grecs et aux Troyens de se compter. Si les Troyens qui ont leurs foyers dans la ville se rangeaient d'un côté, et si les Grecs de l'autre se partageaient en *décades*, et que chacune d'elles prît un Troyen pour lui verser à boire, beaucoup de décades manqueraient d'échanson. Voilà dans quelle proportion les fils des Grecs l'emportent sur les Troyens. — Je dis sur les Troyens qui sont nés dans la ville. Mais nombre de cités leur ont envoyé des alliés habiles à manier la lance; ce sont eux qui m'effrayent et qui m'ôtent l'espoir de prendre la ville populeuse d'Ilion. D'ailleurs, il s'en va déjà neuf ans depuis que nous sommes ici, et nos vaisseaux se pourrissent, et leurs cordages tombent en lambeaux. Nos femmes et nos petits enfants languissent dans nos maisons à nous attendre, et nous, nous ne pouvons conduire à bonne fin l'entreprise qui nous a amenés ici. Donc, voulez-vous m'en croire? partons, fuyons vers la terre aimée de la patrie; car jamais nous ne saurions prendre Ilion aux larges rues. »

Ce discours était éloquent, trop éloquent même, car il dépassa le but que l'orateur voulait atteindre. A peine les Grecs l'ont-ils entendu, qu'ils poussent un cri, et tous, chefs et soldats, courent au rivage, rompent les amarres de leurs navires et les roulent à la mer.

Tout serait perdu sans Ulysse, qui seul

résiste au torrent. Il jette son manteau, court vers Agamemnon et lui emprunte son sceptre, attribut de sa puissance.

Aux rois et aux chefs qu'il rencontre, il jette en passant ces brèves remontrances :

« — Ami, il ne te convient pas, à toi, d'avoir peur comme un lâche. — Arrête-toi, de grâce, et retiens le peuple. — Tu ne vois pas clairement le fond de la pensée d'Atride. — Il a voulu tenter aujourd'hui les fils des Grecs, demain il les châtiera peut-être. — Nous n'avons pas entendu tout ce qu'il a dit dans le conseil. — Ah! que je crains pour les fils des Grecs les effets de sa colère! — Elle est terrible, la colère du roi, fils de Jupiter. — Son pouvoir vient de Jupiter, et Jupiter le chérit. »

Trouvait-il un homme du peuple, et le surprenait-il à pousser des cris, il le frappait de son sceptre :

« — Tiens-toi tranquille, camarade, et écoute la parole de ceux qui valent mieux que toi. — Toi, tu n'es qu'un mauvais soldat, sans force et sans cœur : tu ne comptes ni dans le combat, ni dans le conseil. — Crois-tu que nous allons tous régner maintenant dans l'armée des Grecs? — Non, il n'est pas bon que plusieurs gouvernent. — Il faut qu'il n'y ait qu'un seul chef, un seul roi, celui à qui Jupiter a confié le sceptre et la justice pour commander aux hommes. »

Les Grecs reviennent au conseil « avec un murmure pareil au bruit que fait la mer, quand elle brise contre le vaste rivage ses vagues mugissantes ». Toutefois le respect les tient muets et immobiles sur leurs siéges, jusqu'à ce que Thersite se lève, Thersite, le premier démagogue dont il soit fait mention dans l'histoire. Son portrait n'est pas flatté.

« De tous ceux qui vinrent sous les murs de Troie il était le plus laid. Louche, boiteux, les épaules voûtées et ramassées sur la poitrine, il avait la tête en pointe et quelques rares poils couraient sur son crâne chauve. »

Dans un discours hardi et insolent, il ose s'attaquer à peu près en ces termes au roi des rois : — « De quoi te plains-tu, Agamemnon ? N'as-tu pas tes tentes pleines d'armes et de belles captives ? Chaque fois qu'ils prennent une ville, les Grecs ne te font-ils pas la première part du butin ? Que te faut-il encore ? parle. Veux-tu de l'or ? Veux-tu que moi, Thersite, ou quelqu'un de mes compagnons, nous fassions prisonnier quelque riche Troyen, pour t'en donner la rançon ? Il ne faudrait pourtant pas, parce que tu es roi, t'habituer à marcher sur les têtes des Grecs. O mes amis, si vous n'êtes pas des femmes, si vous êtes des Grecs, partons, retournons chez nous sur nos vaisseaux. »

Mais Ulysse déjà s'est levé, et le regardant de travers : — « Thersite, tu as la langue longue et tu es un bel orateur, mais borne là tes discours et ne continue pas à injurier les rois; autrement, je te le jure, et ma parole s'accomplira; je consens à avoir la tête séparée des épaules et à n'être plus appelé le père de Télémaque, si je ne te fais saisir, enlever d'ici, dépouiller de tous tes vêtements, manteau et tunique, et fouetter ignominieusement sur le bord de la mer! »

Ce disant, il le frappe de son sceptre à la poitrine et sur les épaules. Thersite se courbe, de grosses larmes roulent de ses yeux. Le sceptre d'or lui a imprimé des meurtrissures sanglantes sur la poitrine. Il s'assied tout troublé, le regard hébété et essuyant ses larmes. A cette vue, les Grecs, quoique bien affligés, se prennent à rire de bon cœur, et se penchant les uns vers les autres, ils se disent entre eux :

« — Certes, Ulysse a fait mille grandes choses soit dans le conseil, soit à la tête des armées, mais le plus bel exploit qu'il ait accompli parmi les Grecs, c'est de fermer la bouche à ce dangereux bavard. Maintenant, qu'il lui prenne envie, à l'arrogant, de poursuivre les rois de ses injures ! »

III

ULYSSE

Cette figure d'Ulysse m'attire : elle est l'expression la plus vraie de ce caractère grec composé de ruse et de courage, de patience et d'audace, d'héroïsme et de bon sens, ennemi en tout de l'excès et toujours réglé, même dans ses écarts, par un culte profond du beau et un amour inné de la proportion.

Connaître bien ce personnage, c'est connaître l'éloquence grecque, jusqu'au temps où l'art des rhéteurs vint la perfectionner et aussi la corrompre.

Ce n'est qu'à regret qu'Ulysse a quitté son île sablonneuse d'Ithaque : il lui en a coûté beaucoup de laisser sa jeune femme et son enfant à la merci des chefs ambitieux de sa principauté, pour courir les chances d'une expédition aussi hasardeuse que le siége de Troie. Mais, son parti pris, il n'hésite plus, il devient le partisan le plus zélé de la guerre, l'âme de l'expédition.

Au camp, il trouve des chefs plus riches, plus puissants, plus braves même que lui; plusieurs l'égalent en éloquence et en politique. Les croisés n'ont qu'un Bohémond, vous en trouveriez vingt dans l'armée des Grecs. C'est que l'astuce est naturelle à ce peuple, et que, pour gouverner des hommes qui ne reconnaissent que l'empire de la persuasion, il faut être rompu de longue main à l'usage de la parole.

Cependant, parmi ces princes qui ont sur lui tant d'avantages, Ulysse, dès son arrivée, se place au premier rang.

Agamemnon a pour lui le prestige de l'autorité suprême; mais son caractère hautain rebute le peuple et froisse la susceptibilité des chefs.

Nestor est un des orateurs les plus sympathiques et les mieux disants : la grâce abonde dans ses discours, le miel de l'abeille coule de ses lèvres; mais il est un peu verbeux et diffus dans ses souvenirs; son grand âge le rend impropre à l'action, et qu'est-ce qu'un chef guerrier qui ne peut joindre l'action à la parole?

Achille est beau, brave, éloquent, puissant, fils d'une déesse, mais son orgueil intraitable ne peut se plier à l'obéissance.

Diomède est vaillant comme Mars, mais emporté et téméraire, jusqu'à lutter contre les dieux eux-mêmes.

Ajax, avec son bouclier doublé de sept peaux de cuir, sa voix de taureau, sa taille de géant et ses grandes enjambées, serait un excellent chef de Peaux-Rouges : chez les Grecs, il ne compte que comme un bon soldat.

Ulysse seul est un vrai prince, ou, pour

parler comme Homère, un vrai *pasteur des peuples.* Pourquoi? Parce qu'il a plus que les autres la vertu éminemment grecque, l'esprit de mesure et de convenance.

Il est brave, mais comme il convient à un capitaine responsable de la vie de ses guerriers et du succès de ses entreprises. Il ne cherche ni ne fuit le danger : il n'a recours à l'emploi de la force que quand il a épuisé toutes les ressources de la ruse. L'épée n'est à ses yeux que le tranchant de la politique. Rappelez-vous Thémistocle donnant de faux avis à Xerxès, et trahissant les Grecs pour les sauver.

Aux violences de ses adversaires il oppose l'impassibilité de la force sereine et sûre d'elle-même. Il ne leur dit pas, comme un orateur moderne, *que leurs injures n'arrivent pas à la hauteur de ses dédains,* parce qu'il préfère l'intérêt public à son amour-propre, et qu'il aime mieux les convaincre que les humilier. Il les méprise sans doute, s'il est vrai que l'exercice du pouvoir donne le mépris des hommes, mais il se garde bien de le leur faire voir, et quand il répond à leurs menaces, il le fait du même ton dont Thémistocle disait à Eurybiade : « Frappe, pourvu que tu m'écoutes ! »

Il prend pour lui les entreprises qui demandent le sang-froid et l'esprit de conduite, et laisse aux Ajax et aux Diomède l'honneur des duels et des grands coups d'épée. C'est lui qui se charge des ambassades, des surprises, des coups de main : c'est lui qui ramène de Lemnos Philoctète, son ennemi ; lui qui enlève le Palladium et les chevaux de Rhésus ; lui qui conçoit la ruse du cheval de bois.

Mais ce que les Grecs estiment surtout en lui, c'est la souplesse et les ressources inépuisables de son génie : l'*Avisé*, le *Sage*, l'*Ingénieux*, l'*Artisan de ruses*, le *Patient*, l'*Éprouvé*, l'*Esprit aux mille nuances*, l'*Homme qui sait se retourner*, tels sont les surnoms que leur admiration lui prodigue, comme si en le louant ils sentaient qu'ils font leur propre éloge. Tous les peuples primitifs apprécient la ruse presque à l'égal du courage. Mais pour un peuple fin et délié comme les Grecs, la ruse est un don divin qui se confond avec la sagesse.

Nous connaissons l'homme : voyons maintenant l'orateur.

Il a dans la parole et dans l'action oratoire la même dignité calme que dans ses actions. Son premier abord n'a rien d'imposant, rien qui appelle l'attention, rien qui le fasse distinguer des autres chefs. Debout dans leurs rangs, il n'a ni la haute taille, ni la mâle et vigoureuse prestance qui commandent aux foules la crainte et le respect. — « Mais, dit-il lui-même, les dieux ne prodiguent pas à tous les hommes tous les heureux dons à la fois : la beauté, le génie, l'éloquence. Tel est d'apparence chétive, mais les dieux l'ont couronné d'éloquence, et les hommes prennent plaisir à le regarder. Il parle avec une confiance tempérée par une aimable modestie et brille entre tous dans les assemblées. Quand il marche dans la ville, les peuples le regardent passer comme un dieu. Tel autre, au contraire, a la beauté des immortels, mais la grâce n'environne pas ses discours. »

C'est assis dans le conseil qu'il faut observer Ulysse, pour remarquer déjà la puissance du génie empreinte sur son visage. Quand vient son tour de parler et qu'il se lève, à le voir les yeux baissés, attachés sur la terre, son sceptre immobile dans sa main, on le prendrait d'abord pour un insensé ou pour un homme pris de vertige : mais à mesure que sa grande voix s'échappe pleine et sonore de sa poitrine et que les paroles tombent de sa bouche, pressées comme des flocons de neige, on sent que nul homme au monde ne peut lutter d'éloquence avec lui, et on oublie de regarder Ulysse.

Quant au caractère de son éloquence, un mot suffit pour le définir : elle est persuasive. Vous l'avez vu tout à l'heure faire acte de chef et ranger Thersite au devoir. Maintenant il va haranguer les Grecs et les rappeler aux sentiments de l'honneur et de la discipline. La tâche est difficile : ils sont aigris contre Agamemnon et lui gardent rancune de l'amère déception qu'ils viennent d'éprouver. Mais l'orateur, qui les connaît, sait l'art de les calmer. Il leur rappelle d'abord les serments par lesquels ils se sont engagés envers le roi des rois. Puis il compatit à leurs maux, à leurs longues souffrances : il comprend l'impatience qu'ils ont de retourner dans leur patrie, auprès de leurs femmes et de leurs enfants. « — Rien que pour un mois d'absence, le marin s'ennuie sur son vaisseau battu par les tempêtes et par la mer soulevée; et nous, voilà neuf ans que nous sommes retenus sur ce rivage. Mais quoi ! après être restés si longtemps, il est bien honteux de partir sans avoir rien fait. Patience donc, mes amis, attendons encore jusqu'à ce que nous voyions si les prophéties de Calchas sont vaines, ou si elles doivent s'accomplir. » —

Les Grecs l'ont envoyé comme négociateur auprès d'Achille, qui boude Agamemnon dans sa tente et refuse de prendre part à la guerre. Le héros le reçoit cordialement et le fait asseoir à sa table. Ulysse s'inspire de la circonstance : le festin terminé, il lève sa coupe et boit à son hôte. Il le remercie de son bon accueil, mais s'il est venu s'asseoir à sa table, ce n'est pas que le besoin l'y contraigne : au contraire, l'abondance règne dans le camp, mais les Grecs n'ont plus le cœur aux festins. Jupiter s'est déclaré contre eux : Hector a forcé leurs retranchements et menace d'incendier leur flotte. Qui pourra les sauver, si Achille ne vient pas à leur aide? Tout le peuple a les yeux tournés vers lui, comme vers son salut. Ne se rappellerat-il pas les derniers conseils que Pélée, son père, lui adressait au moment de son départ pour l'armée? « — Mon fils, lui disait-il, je ne te recommande pas le courage : Minerve et Junon, si elles le veulent, sauront bien te l'inspirer; mais il dépend de toi de refréner la violence hautaine de ton caractère, et de te montrer facile et traitable : c'est le parti le plus sage. Évite les discussions et les dangereuses rivalités; les Grecs, jeunes et vieux, t'en honoreront davantage. » — Voilà les recommandations que lui faisait le vieillard, mais Achille les a oubliées. S'il veut abjurer ses ressentiments, Agamemnon consent à lui faire, comme réparation, les plus riches présents. Il lui donnera de beaux trépieds, dix talents, des bassins d'or pur, douze chevaux vainqueurs dans les courses. Ces dons seuls suffiraient déjà pour enrichir un homme. Mais ce n'est pas tout, Agamemnon lui rendra Briséis, sa captive. Si Troie succombe, il lui permettra de puiser à pleines mains l'or et l'argent dans le butin commun, et d'en charger ses vaisseaux; il le laissera libre de choisir vingt captives Phrygiennes parmi les plus belles. De retour dans Argos, il le prendra pour gendre et lui donnera, avec une riche dot, les sept villes les plus florissantes de son royaume. « — Peut-être, dit l'orateur en finissant, peut-être, venant d'une main ennemie, ces présents te paraissent odieux; mais songe aux autres Grecs, songe au malheureux peuple foulé par la guerre. Aie pitié de lui, et il t'honorera comme un dieu et te comblera d'honneurs et de gloire. » —

Voilà un discours prodigieusement habile, mais qui nous révèle une civilisation à peine ébauchée. Un orateur veut rallier à la cause commune un chef dissident, et, au lieu de lui faire entendre le langage sévère de l'honneur et du devoir, il ne lui parle que des récompenses qui l'attendent; ce n'est pas à sa conscience qu'il s'adresse, c'est à son orgueil, à son ambition, à sa convoitise. L'homme d'Ithaque connaît merveilleusement le cœur humain ; il a étudié les passions et sait l'art de les remuer ; mais les passions auxquelles il s'adresse sont celles d'un demi-barbare, sensible seulement à la gloire militaire et au butin qui en est le fruit. Telle société, telle éloquence. Songez que chez tous les peuples les vertus guerrières ont devancé les vertus civiles, que nous ne sommes encore que dans un camp, et que les grandes idées de dévouement à la patrie et d'obéissance aux lois sont aussi étrangères aux héros grecs qu'elles le furent plus tard aux barons du moyen âge. Laissez la cité se former, vous verrez se développer avec les mœurs une autre éloquence aussi habile, mais plus noble, parce qu'elle s'adressera à des passions plus élevées. Ulysse, alors devenu citoyen, s'appellera Démosthène ; il ne frappera plus les Grecs avec son sceptre, mais avec l'arme bien autrement puissante d'une parole inspirée par l'amour du droit et de la liberté.

IV

L'ÉLOQUENCE GRECQUE DANS LES CITÉS DÉMOCRATIQUES. — LES CHEFS ATHÉNIENS

Nous voici bien loin des temps chantés par Homère. Les guerriers du siége de Troie, façonnés lentement à la vie civile, ne veulent plus être gouvernés par la lance, mais par les lois qu'ils ont eux-mêmes faites ou consenties. La multitude a arraché des mains des rois tous les attributs de la souveraineté, le droit de rendre la justice, celui de faire la paix et la guerre. Ses chefs, nommés et révoqués par elle, n'ont d'autre supériorité sur leurs concitoyens que celle du talent et de la vertu, et souvent même ils expient par l'exil ou par la mort cet avantage dangereux. A l'oligarchie guerrière a succédé l'égalité politique; à la discipline des camps, la liberté de la place publique.

Avec la forme de l'État, les conditions de l'éloquence sont changées. Pour qui veut être maître des affaires, il ne s'agit plus maintenant de mener les petits par la crainte et les grands par la flatterie. Dans la société nouvelle, en effet, il n'y a plus ni grands ni petits, il y a des hommes libres, seuls dispensateurs des dignités, et qui ne les accordent qu'à ceux qui savent gagner leur confiance, c'est-à-dire à ceux qui savent les persuader. Or, comme il n'y a pas de récompenses auxquelles les hommes soient plus sensibles qu'à celles qu'ils tiennent de l'estime et du choix libre de leurs égaux, représentez-vous, dans une ville comme Athènes, la plus démocratique des cités grecques, quelle émulation doit s'élever entre les orateurs. Ce bon peuple d'Athènes est le plus aimable de tous les peuples, mais aussi le plus léger et le plus inconséquent; il a des retours plus soudains et des caprices plus inexplicables que ceux de la mer; il a pour ses favoris la passion violente et meurtrière d'un enfant pour ses jouets; il les jalouse, les épie, les accuse, les condamne avec l'emportement de la passion et la joie de la vengeance satisfaite; les plus heureux sont ceux qu'il laisse à l'abandon, comme ses vieilles galères dont les cadavres gisent çà et là, épars sur le sable désert du rivage. N'importe! ses faveurs, toutes funestes qu'elles sont, sont réputées si chères à tous les cœurs haut placés, qu'il trouve toujours de nouveaux chefs, aussi prêts à lui offrir leurs services que lui à les oublier. Après Miltiade, qui meurt en prison, se lèvent tour à tour Aristide, Thémistocle, Cimon, Thucydide, Périclès, Alcibiade, Phocion, Démosthène, victimes glorieuses de la seule ambition légitime, celle de régner sur un peuple libre par la force de la persuasion.

Nous, chez qui l'éloquence s'exerce à l'ombre et pour ainsi dire à huis clos, et qui ne rêvons, au sortir du collége, que des professions libérales ou des carrières administratives, nous avons peine à nous imaginer combien le spectacle public des luttes oratoires devait enflammer de bonne heure l'émulation des jeunes gens. Ils voyaient les grands orateurs passionner la multitude; ils assistaient à leurs triomphes; ils sentaient d'instinct que l'âme de tout un peuple était suspendue aux lèvres de ces hommes, que leur geste souverain disposait du salut ou de la perte des villes, et qu'au milieu de cette Athènes qui ne pouvait souffrir de maîtres, ils étaient plus maîtres que les rois absolus ne le sont au milieu de leurs armées.

« — Aux jours et heures où Thémistocles, encore à l'école, avoit vacation de l'estude et congé de s'esbattre, il ne jouoit jamais, ny jamais ne demouroit oisif, comme faisoient les autres enfants; mais on le trouvoit toujours apprenant par cueur, ou composant à part soy quelques harangues, le subject desquelles estoit le plus souvent qu'il défendoit ou accusoit quelqu'un de ses compagnons (1). » —

Toutes les aspirations de la jeunesse se portaient donc vers la tribune, théâtre de tant de gloire et de puissance. Mais il n'était pas donné à tout citoyen de monter sur ce piédestal et de s'y maintenir. Il fallait être de pure et noble race athénienne; il fallait être riche et généreux; il fallait s'être distingué dans les combats et dans les jeux Olympiques; il fallait enfin égaler et même surpasser en éloquence ceux qu'on voulait supplanter dans la faveur du peuple. Cette dernière condition était la plus nécessaire de toutes; un simple tableau de la société athénienne vous fera comprendre qu'elle était aussi la plus difficile à remplir.

(1) Amyot.

Représentez-vous, dans une cité de soixante-dix mille hommes, un groupe de vingt mille citoyens libres, tous égaux et maîtres des affaires. Quarante mille esclaves travaillent pour eux (1): des flottes puissantes, un commerce immense, d'innombrables colonies les enrichissent; l'État les paye pour assister aux délibérations publiques; les mines du Laurium et de Thasos couvrent les frais de leurs spectacles et de leurs fêtes. Leur vie d'ailleurs n'est qu'une fête perpétuelle. Ils la passent en plein air, soit à s'exercer dans les palestres, soit à écouter leurs orateurs sur la place publique, soit à flâner dans le port en attendant des nouvelles, soit à applaudir dans les théâtres les œuvres de leurs poëtes et de leurs musiciens. Ils ont la joie de voir leur ville bien-aimée croître chaque jour en puissance et en splendeur. Leur

---

(1) Le reste de la population se composait d'étrangers, appelés *métèques*.

port se remplit de navires; les îles de la mer Ionienne et les côtes d'Italie leur font une ceinture de colonies opulentes; ses artistes l'ornent de magnifiques monuments, bâtis avec le trésor des confédérés. Ils suivent avec orgueil ces grands travaux naissants, qui feront d'Athènes le joyau de la Grèce. Car ce Parthénon, ce temple d'Eleusis, cette Longue Muraille, cet Odéon, ce Pœcile, et tant d'autres œuvres, ne sont à leurs yeux que des trophées de leurs luttes contre les Perses, et, pour ainsi dire, les arcs de triomphe de leurs victoires.

Qu'est-ce qu'un paysan dans nos États démocratiques d'Europe? Un manœuvre attaché à la terre, une machine à produire, un homme qui ne compte pas, qui *ne se sent pas,* comme disent les Italiens, un contribuable en un mot. A Athènes, le dernier matelot naissait avec cette idée qu'il était Grec, c'est-à-dire supérieur aux barbares; Athénien, c'est-à-dire supérieur aux autres Grecs. Il savait qu'en qualité d'homme libre il était souverain, maître absolu des deniers de sa ville, de ses flottes, de ses destinées, et que le pouvoir de ses orateurs, même les plus grands par la naissance et le génie, ne dépendait que d'une coquille qu'il pouvait jeter dans l'urne. Sentez-vous tout ce que cet orgueil natif devait donner à ces hommes de confiance et de dignité? Mais sentez-vous aussi combien il devait les rendre exigeants pour leurs chefs?

Ce n'est pas tout encore. Ils avaient hérité de leurs ancêtres de la guerre de Troie un goût exquis de la mesure et de la convenance que tout nourrissait en eux : la douceur tempérée de leur climat, l'harmonie idéale de leurs paysages, l'équilibre parfait de leurs facultés, fruit d'une vie sobre et d'une éducation virile. Ils exigeaient donc de leurs orateurs une attitude digne, des gestes mesurés, une élocution réglée par les lois du rhythme et par la gradation des sentiments exprimés.

En outre ils se mariaient entre eux et excluaient sévèrement du droit de cité tous les habitants qui n'étaient pas Athéniens de père. Cet esprit de cité intolérant, en maintenant la pureté de la race, maintenait aussi la pureté de la langue, de cette belle langue attique, pleine d'euphémismes, d'expressions adoucies, d'atténuations délicates, voiles transparents dont ils aimaient à envelopper leurs pensées. On sait que Théophraste achetant un jour des légumes sur la place, la marchande reconnut à son accent qu'il était étranger.

Or Théophraste passait pour le plus pur et le plus châtié des écrivains attiques de son temps, et il habitait la ville depuis une quarantaine d'années. Pensez si, avec des juges si délicats, les orateurs devaient s'observer!

Un discours était, à proprement parler, un chant. Ce que les Latins appelaient exorde s'appelait chez les Grecs *pré-*

lude (1) : c'était l'ouverture du morceau. Vous savez que Tibérius Gracchus plaçait derrière lui, à la tribune, un joueur de flûte qui le rappelait à la mesure et lui donnait le ton chaque fois qu'emporté par la fougue de son génie il commençait à en sortir. Et combien cependant les Romains étaient moins musiciens que les Grecs ! Une fois donc le diapason du discours donné par le prélude, malheur à l'orateur qui laissait échapper une note fausse, c'est-à-dire une intonation douteuse ou un geste excessif ! Les huées du peuple le reconduisaient jusqu'à sa maison, et les traits des comiques le clouaient au ridicule pour le reste de ses jours.

Voilà quelques-unes des difficultés qu'avaient à vaincre les hommes publics pour se préparer à jouer dignement leur rôle. Il est temps maintenant de les montrer en scène.

(1) Προοίμιον.

V

ÉLOQUENCE DES CHEFS ATHÉNIENS

Sur la place du nouveau Pnyx, du haut de la vaste tribune taillée dans le roc vif, ils voient le port du Pirée, ses flottes, sa cité marchande, où déborde la démocratie athénienne, et au loin la mer et les îles tributaires. Ce spectacle de la grandeur et de la liberté de leur patrie est bien fait pour agrandir leurs âmes, mais aussi pour les intimider. Devant eux se pressent les fortes générations qui ont repoussé les Mèdes, rempli les îles et la Chersonèse de leurs colonies, conquis l'empire de la mer et la prééminence sur toute la Grèce. Ces rudes ouvriers de l'indépendance grecque ont au cœur, imprimés en traits de feu par l'éducation, le respect des dieux qui les ont protégés contre les barbares et l'amour de la liberté qu'ils ont achetée au prix de tant de sacrifices. L'homme qui leur parle est un guerrier comme eux, le plus brave et le plus prudent, *primus inter pares, vir bonus dicendi peritus,* le premier entre ses égaux, un bon citoyen qui sait parler. S'il dit : — Il faut déclarer la guerre aux Lacédémoniens; il faut arracher une ville ionienne à la puissance des Perses; il faut fonder une colonie; — et s'il prouve par de solides raisons que l'entreprise est praticable et utile, le peuple qui a confiance en lui dit : Marchons! et le nomme, séance tenante, chef de l'expédition. Le voilà forcé de dénouer lui-même avec l'épée la question qu'il a nouée avec la parole. Ceux qui étaient hier ses auditeurs sont aujourd'hui ses compagnons d'armes; demain, si le projet échoue, ils seront peut-être ses juges.

Comprenez-vous tout ce que cette situation si simple et pourtant si naturelle a de terrible pour l'orateur? Aussi monte-t-il à la tribune agité, non pas de ce trouble menteur qu'affectent devant un auditoire inoffensif les avocats façonnés aux petites ruses de la rhétorique, mais de l'émotion réelle que donne la présence d'un grand danger. Il supplie les dieux de conduire sa langue et d'éloigner de sa pensée toute parole qui pourrait blesser ses concitoyens, ou nuire à leurs intérêts. Après cette invocation, qui n'est pas un lieu commun oratoire, mais le seul exorde en rapport avec ses propres sentiments, avec la piété du peuple et la gravité des circonstances, il expose son sujet et déduit ses raisons. Il n'en cherche pas le développement dans les lieux communs de la rhétorique, mais dans l'objet même de la délibération. Il dit : Si vous suivez mes avis, voici les avantages que vous en retirerez, et il les énumère; il énumère ensuite les inconvénients du parti opposé. Il prouve enfin que ses vues s'accordent avec les traditions des ancêtres, avec l'honneur des citoyens et les principes politiques de l'État. C'est le langage d'un homme d'action à des hommes d'action, trop instruits de leurs intérêts pour se laisser éblouir par des sophismes. Je dis plus, c'est le seul langage digne d'un orateur et d'un peuple libre.

Mais rarement les peuples se laissent conduire par la seule lumière de la raison. Ils ont leurs instincts et leurs préjugés qui, presque toujours, parlent en eux plus haut que le bon sens. Aussi l'éloquence n'est-elle, à vrai dire, que l'art de persuader en remuant les passions : art méprisable, si les passions auxquelles il s'adresse sont viles; art sublime, si elles sont nobles. Rien n'égale la dextérité avec laquelle notre orateur sait *toucher et sonner de main de bon maître* les cordes sensibles de ce peuple impressionnable. On dirait qu'il tient en main toutes les fibres de ces natures nerveuses, tant il excelle à leur donner des commotions agréables ou douloureuses, selon les nécessités du moment et les besoins de sa politique. *Il les meine et les manie dextrement avec deux timons principaux, la crainte et l'espérance, refrénant avec l'une la fierté et témérité insolente de la commune en prospérité, et avec l'autre reconfortant son ennuy et son découragement en adversité* (1). Où les raisonnements humains échouent, il fait parler les oracles des dieux, les explique et quelquefois les achète. Interprétés par lui, les orages, les tremblements de terre, les éclipses, les apparitions de comètes sont tantôt des avertissements sinistres, tantôt des présages rassurants, tantôt des phénomènes naturels, auxquels il ne faut attacher aucun sens, ni fâcheux, ni favorable. Tout ce qui peut frapper des âmes pieuses et des imaginations crédules, une vision divine, une voix entendue dans les airs, — moins que cela, un songe, un

(1) Amyot.

L'éloquence politique 85

mot d'heureux augure échappé au hasard, — moins que cela encore, l'éternuement d'un soldat, le vol d'une chouette au moment d'un combat, tous ces incidents que la superstition commente et que la peur grossit, deviennent des instruments de ses desseins et des auxiliaires de sa politique. Il caresse ses auditeurs; il flatte leur orgueil national, il compare la patrie qui pleure ses jeunes guerriers à l'année qui a perdu son printemps, il dit que ceux-ci sont immortels comme les dieux : *Car nous ne voyons pas les dieux en leur essence; mais par les honneurs qu'on leur fait, et par les grands biens dont ils jouissent nous conjecturons qu'ils sont immortels, et les mesmes choses sont en ceulx qui meurent pour la défense de leur païs.*

Une autre fois il pique leur amour-propre : « — Vous me demandez compte des sommes que j'ai dépensées pour les grands travaux de la ville. Soit, j'en payerai seul les frais, mais seul aussi j'aurai le droit d'y faire inscrire mon nom. » — Il ne craint pas même de leur infliger de rudes leçons, sachant bien que les peuples sont comme les enfants, qui n'obéissent pas volontiers, si un peu de crainte ne se trouve mêlée à l'amour qu'on leur inspire : « — Quand j'ay fidèlement et bien administré la charge que vous m'aviez commise, j'en ai receu de vous oultrage, honte et villannie, et maintenant que j'ay fait semblant de ne veoir point beaucoup de larcins et de pilleries que l'on commet en vos finances, vous me tenez pour homme de bien et bon citoïen ; mais je vous dis et vous déclare que j'ay plus de honte de l'honneur que vous me faittes maintenant que je n'eus de l'amende en laquelle vous me condamnastes l'année passée. »

Et ne croyez pas que, pour être la simple expression du bon sens pratique, le langage de ces grands hommes d'État manque de véhémence et de couleur. La conviction a une éloquence à elle, dont l'art, avec toutes ses ressources, ne peut rendre l'accent vif et passionné. Les grands mouvements oratoires, les riches expressions coulent de leur âme, enivrée de l'amour de la patrie, comme l'eau d'un vase trop plein. Ils trouvent, sans les chercher, tantôt de belles images, tantôt des comparaisons familières que le peuple répète et qui deviennent des proverbes, tantôt des mots profonds qui font entrer leur pensée, comme un coin, dans les intelligences les plus rebelles. Périclès veut-il engager les Athéniens à s'emparer d'Egine, il compare cette île à une paille dans l'œil du Pirée. Veut-il les exciter contre Sparte, il leur dit qu'il voit déjà du fond du Péloponèse la guerre qui se lève et qui se met en marche. Le peuple, enfermé dans la ville, demande à courir sus à l'ennemi qu'il voit moissonner ses champs et couper ses oliviers : « — Laissez-les faire, dit-il, les arbres coupés peuvent renaître, mais non les hommes couchés par terre. » — A la jeunesse présomptueuse qui exalte ses exploits récents pour rabaisser ceux des héros des grandes guerres Médiques, Thémistocle jette cet apologue, que je vous demande la permission de traduire en langage moderne : — « Un jour le Lundi entra en contestation avec le Dimanche. C'était lui, Lundi, qui avait tout le travail et toute la peine, tandis que le Dimanche ne faisait que dépenser l'argent que les autres avaient gagné. — Cela est vrai, répondit le Dimanche, mais si je n'avais pas été hier, tu ne serais pas aujourd'hui. — Et vous, jeunes gens, si nous n'avions pas été alors, où seriez-vous aujourd'hui ? »

L'antiquité, qui nous a laissé les déclamations de tant de rhéteurs, ne nous a pas conservé un seul discours de Miltiade, d'Aristide, de Thémistocle, de Périclès, et il est probable que la postérité ne conservera pas davantage ceux des présidents des États-Unis, si beaux cependant dans leur simplicité forte, et si convaincants dans leur négligence familière. Mais qu'importe? Est-ce que l'éloquence du chef d'un peuple libre est dans ses discours? Non, elle est dans sa politique et dans les mots vigoureux qui la résument. Cicéron nous assure qu'avant Périclès l'éloquence était inconnue chez les Grecs, et que c'est ce grand homme qui l'apprit des philosophes et l'enseigna aux Athéniens. Mais d'abord Cicéron, comme nous le verrons plus tard, concevait un idéal d'éloquence qui n'est plus aujourd'hui le nôtre. En second lieu Périclès avait un génie bien supérieur aux subtilités de l'école ; son éloquence grave, majestueuse, était celle d'un homme d'État, non d'un rhéteur, et il est vraisemblable que s'il s'exerçait à la controverse avec les orateurs, c'était par manière de passe-temps, comme les duellistes consommés, qui ne font des armes que pour s'entretenir la main (1). Enfin, à qui persuadera-t-on que des citoyens qui, par la seule force de la persuasion, firent de si grandes choses, ne fussent pas de grands orateurs?

Croyez bien qu'il n'y a qu'une éloquence politique, celle qui se forme dans la pratique des affaires et dans les luttes de la tribune. L'ombre des écoles produit des sophistes; c'est au soleil de la place publique que naissent les orateurs.

Des oisifs se réunissent dans une salle pour entendre un homme qui parle bien. Entre un personnage irréprochablement mis, qui salue son public, arrondit ses gestes et ses périodes, aiguise ses épigrammes, jette négligemment ses traits étudiés et se retire aux applaudissements de l'auditoire, ébloui des fusées de son éloquence. Qu'a-t-il dit? Rien. Mais comme

(1) On prétend qu'il disputait un jour avec Protagoras sur cette question : Un homme a été blessé dans un jeu de tir. Quel est le coupable? est-ce le dard, ou le tireur, ou le maître du tir?

il n'a parlé que pour faire admirer son esprit, comme la foule n'est venue que pour passer agréablement une heure ou deux, chacun se retire satisfait.

Les hommes assemblés pour délibérer sont plus exigeants. Ce n'est pas le plaisir qui les réunit, c'est l'intérêt public. Ils viennent chercher non des phrases, mais des preuves; non des antithèses, mais des conclusions. Faut-il faire la paix ou la guerre? accepter ou rejeter telle alliance? absoudre ou condamner tel homme politique? Voilà les questions qu'ils posent à celui qui les harangue, et dont ils attendent de lui la prompte et claire solution.

Vous voyez donc qu'on peut résumer en un mot la différence qui existe entre le rhéteur et l'orateur. L'un parle pour parler, l'autre pour agir. Plus les discours de ce dernier sont brefs, simples, nerveux, plus il ressemblent à l'action, plus ils sont beaux. Il ne faut pas vous demander en le lisant ou en l'entendant : Comment a-t-il parlé? mais : Qu'a-t-il dit? a-t-il eu raison? a-t-il persuadé?

J'ai essayé de faire revivre devant vos yeux des types d'hommes dont il ne nous reste plus qu'un nom et quelques rares traits, pieusement recueillis par leurs contemporains. Comment ai-je pu apprécier leur éloquence? Par les effets qu'elle a produits. J'ai vu des citoyens réunir les Grecs divisés, chasser les barbares de l'Europe, élever leur patrie au premier rang, maintenir leur ascendant contre les passions du peuple, les haines des factions, les intrigues des cités rivales, et j'ai conclu que de tels hommes d'État devaient être puissants par la parole. Je vous donne cette règle d'appréciation pour infaillible. Si vous entendez dire du chef d'un peuple libre qu'il est désintéressé, qu'il aime son pays et qu'il a fait de grandes choses, dites, sans hésiter, qu'il est éloquent. Mais dites aussi qu'il faut que son peuple ait des vertus, puisqu'il sait les récompenser chez les particuliers en leur donnant le pouvoir. Les premiers chefs athéniens n'ont été si grands que parce que leurs contemporains étaient grands eux-mêmes; ils n'ont réalisé de glorieux projets que parce qu'ils ont trouvé des âmes capables de les comprendre. D'autres sont venus après eux qui aimaient aussi leur patrie, mais qui se sont perdus sans avoir la consolation de la sauver. Avaient-ils moins de génie que leurs devanciers? Non, mais les temps étaient moins propices.

VI

DÉMOSTHÈNE

Si vous voulez être capables de comprendre le grand rôle de Démosthène, rejetez bien vite loin de vous toutes les idées fausses que vous vous êtes faites de l'éloquence politique. Oubliez les harangues de Tite-Live, les lieux communs des Catilinaires de Cicéron et les déclamations de la tribune française. Oubliez même, si vous pouvez, les couronnes décernées à vos amplifications de concours. Rappelez-vous seulement ce que je vous ai dit, que l'orateur est un homme d'action qui sait parler.

Je ne veux pas vous énumérer ici les qualités propres à ce genre d'éloquence. Des exemples instruiront mieux vos jeunes intelligences que des généralisations.

Je suppose que, les actionnaires d'une société industrielle étant réunis en assemblée générale pour entendre l'exposé de la situation de leur entreprise, le gérant responsable, au lieu de leur parler doit et avoir, recettes et dépenses, leur fasse de grandes phrases sur le progrès, sur les chemins de fer, sur le développement toujours croissant des transactions commerciales entre les peuples de l'Europe, que penseraient-ils de sa harangue? Ne trembleraient-ils pas pour leurs dividendes? Ne l'arrêteraient-ils pas pour lui demander ses comptes? Ne lui diraient-ils pas que toute l'éloquence d'un bon administrateur est dans les chiffres, et n'auraient-ils pas raison de lui tenir ce langage?

Allons plus loin. Supposons que vous soyez vous-mêmes ces actionnaires et que vous ayez à faire choix d'un gérant. A qui confieriez-vous ce poste délicat, dites?

— Au plus habile.

— Entendez-vous par le plus habile le plus intelligent?

— Sans doute.

— Et vous pensez que celui-là, étant le plus apte à comprendre vos intérêts, serait aussi le plus apte à les défendre?

— Oui.

— Changeons de supposition. S'il arrive que, dans vos écoles, vous ayez une réclamation à adresser à vos chefs, lequel choisissez-vous d'entre vos camarades pour en être l'interprète?

— Le plus capable de persuader.

— A la bonne heure. Mais celui-là quel est-il? Est-ce le plus éloquent ou n'est-ce pas au contraire le plus sérieux?

— Qu'entendez-vous, à votre tour, par le plus sérieux?

— J'entends un jeune homme calme, modeste, qui sait se faire aimer de ses chefs sans flatterie et de ses égaux sans complaisance. Si vous en distinguez un parmi vous qui ressemble à ce portrait, n'est-ce pas lui que vous désignez de préférence?

— Oui.

— C'est donc celui-là et non pas l'autre que vous jugez le plus capable de persuader. Et en cela votre instinct ne vous trompe pas : car il est évident qu'une cause confiée à un pareil avocat est une cause plus d'à moitié gagnée, et qu'on accordera à son seul mérite ce qu'on refuserait à la faconde précoce des jeunes tribuns de la cour et de l'étude. Revenons maintenant à notre association ; vous voilà forcés d'avouer que si vous aviez besoin d'un gérant, vous ne prendriez pas seulement le plus habile, mais le plus digne de votre confiance.

— D'accord.

— Eh bien, regardez les peuples libres comme autant d'associations dont les citoyens sont les actionnaires et les orateurs les gérants, et tirez vous-mêmes votre conclusion.

— L'analogie n'est pas exacte et la conclusion ne serait pas rigoureuse. Un homme peut avoir du caractère, être fort estimable, et manquer de l'éloquence nécessaire à un orateur. Pour gérer une société, il suffit d'avoir de la probité, de l'application aux affaires : pour mener un peuple par la persuasion, il faut le génie de la parole.

— Qu'appelez-vous éloquence, génie de la parole? N'est-ce pas le don de persuader?

— Oui.

— Et n'êtes-vous pas convenus que, pour persuader, il faut inspirer de la confiance, ou, pour employer vos propres termes, avoir du caractère? Vous voyez donc bien que l'analogie est parfaite et que vous tournez dans un cercle vicieux. C'est que vous séparez deux choses qui sont intimement unies, le caractère et l'éloquence. Autant vaudrait isoler un fleuve de sa source. Car, je vous le demande, n'est-il pas vrai que, quand vous joindriez à tous les dons de l'intelligence la plus vive le charme de la parole la plus séduisante, si vos auditeurs n'avaient pas confiance en vous, s'ils ne vous regardaient pas comme un homme convaincu et capable, au besoin, de donner sa vie pour ce qu'il croit juste et vrai, vos beaux discours glisseraient sur eux comme l'eau sur le marbre? Et quand vous réussiriez à les ébranler, n'est-il pas vrai que quelques paroles simples, tombées d'une bouche pure, désintéressée et reconnue comme telle, suffiraient pour détruire ce charme passager, comme le souffle d'un enfant dissipe des bulles de savon? Pourquoi cela? Parce qu'avant même qu'un honnête homme ait ouvert la bouche, son caractère a déjà parlé pour lui et ouvert les cœurs à la persuasion. Et pourquoi encore? Parce qu'une conviction forte et sincère a un accent passionné qui entraîne, et qu'il est impossible qu'un orateur bien plein de son sujet et bien pénétré de ce qu'il dit ne soit pas éloquent.

Qu'est-ce donc en résumé qu'un orateur politique? C'est tout simplement un homme qui aime sa patrie et qui essaye de persuader ses concitoyens en leur parlant des intérêts publics. Si c'est ainsi que vous comprenez l'éloquence de la tribune, entrez avec moi dans l'étude du caractère de Démosthène; vous en concevrez facilement toute la grandeur. Mais si vous persistez à la confondre avec la rhétorique, vous n'avez que faire de pousser plus loin ; fermez ce livre et ouvrez le Panégyrique de Trajan ou les Éloges académiques de Thomas.

Étudions donc le caractère de cet orateur, et, quand nous le connaîtrons, nous connaîtrons et la nature de son éloquence, et les causes de l'ascendant qu'il exerça si longtemps sur Athènes et sur toute la Grèce.

Vous savez combien était déchue, quand ce grand homme se montra, la république athénienne. Les premiers symptômes de sa décadence avaient éclaté après la mort de Périclès. Ce puissant politique fut en partie la cause du mal. D'abord obligé d'occuper le peuple pour le contenir, et multipliant à la fois les travaux dans la ville et les expéditions au dehors, il blasa son imagination en la satisfaisant, et usa ses forces en les prodiguant. Obligé, d'un autre côté, de tenir en échec la faction aristocratique, il favorisa le parti populaire, et pour parler comme le bon Amyot, *gratifia à la commune* (1). Il lâcha la bride au peuple, *faisant toute chose pour lui aggréer et complaire, donnant ordre qu'il y eust toujours en la ville quelques jeux, quelques festes, banquets et passe-temps publics.* Grâce à ces moyens de gouvernement, il put régner sans rival dans Athènes pendant quarante ans, mais il rendit l'administration difficile à ses successeurs. Quand la mort eut éteint *les foudres et les éclairs* de sa grande éloquence, la démocratie contenue par son génie déborda et envahit tout.

Le peuple prit le goût de l'oisiveté, des spectacles, des gratifications et des ergotages de la place publique. Il ne se portait plus qu'avec tiédeur aux assemblées, depuis qu'il était payé pour y assister. Les

(1) Cette époque marque une scission profonde entre les deux partis qui, auparavant, dit Plutarque, n'étaient pas séparés par l'épaisseur d'une feuille.

délibérations lui pesaient comme un devoir pénible; l'éloquence de ses orateurs l'ennuyait. Longtemps il stationnait dans l'*Agora,* la place aux nouvelles, aux commérages, aux scandales du jour. Il fallait tendre une corde autour des badauds et les parquer comme des moutons, pour les amener au Pnyx et les forcer à gagner leur rétribution. On prenait place lentement sur les gradins de pierre de l'amphithéâtre, on jasait, on criait, on baguenaudait en mangeant sa gousse d'ail ou sa tête d'anchois; on trépignait en attendant l'arrivée des Prytanes, on huait les orateurs, on interrompait leurs discours, et souvent on se dispersait au milieu de la délibération.

Cependant Philippe faisait tomber une à une toutes les colonies athéniennes. Aujourd'hui c'est Amphipolis qu'il a promis de prendre pour la République et qu'il garde pour lui; demain, c'est Pydna qu'il achète et Potidée qu'il enlève. Un autre jour il s'empare des mines de Thasos et corrompt les orateurs des Athéniens avec l'or qui alimentait jadis leurs fêtes et leurs plaisirs. La Guerre Sacrée lui donne un prétexte d'intervention qu'il saisit avidement : il fond sur la Thessalie, le voilà l'arbitre de la Grèce. Quand il aura pris Olynthe, la clef de la mer, et franchi le pas des Thermopyles, il en sera le maître.

Ces empiétements soulèvent à Athènes de grandes colères et d'orageux débats : — « C'était le soir : arrive un messager qui annonce aux Prytanes qu'Élatée vient d'être prise. Les uns se lèvent de table à l'instant, chassent les marchands qui encombrent la place publique et mettent le feu à leurs baraques. D'autres vont chercher les généraux, mandent le trompette : toute la ville est en tumulte. Le lendemain, au point du jour, les Prytanes convoquent le Sénat dans la salle des délibérations. Le peuple court à l'assemblée, et

prend ses places sur les hauts gradins (1).
Arrive le Sénat, et les Prytanes font part
au peuple du message et produisent le
messager, qui répète la nouvelle. Alors le
héraut se lève et dit : — Qui veut parler (2)? »

Ces scènes se renouvelaient à chaque
agression, et que produisaient-elles ? Les
motions se succédaient à la tribune. On
votait des flottes qu'on n'équipait pas, des
armées dont les cadres ne se remplissaient
que sur le papier, et on retournait à ses
plaisirs, jusqu'à ce que Philippe eût répondu à cette guerre de décrets par une
nouvelle conquête. Si quelquefois on faisait l'effort d'un armement sérieux, on se
gardait bien de s'enrôler et de quitter sa
belle Athènes pour les fatigues de la mer
et les hasards des combats. Ils n'étaient

---

(1) Les degrés inférieurs étaient réservés aux Prytanes et aux Sénateurs.
(2) Démosthène, *Discours de la Couronne*.

plus ces hardis marins, *maîtres de la rame*, qui allaient jadis avec Cimon conquérir l'île de Chypre et piller les côtes de l'Asie Mineure. Leurs descendants aimaient mieux le bien-être que la patrie et le repos que la liberté...

Mais pourquoi m'étendre sur le tableau de la décadence de cette grande cité, quand Démosthène va vous le tracer lui-même avec d'incomparables couleurs?

Frappés de ces maux, la plupart des hommes politiques en accusaient l'institution démocratique, et, soit calcul, soit désespoir, trahissaient la liberté et livraient la patrie à l'ennemi, sous prétexte de la sauver. Les uns, âmes lâches comme Démade, Eschine et Philocrate, se vendaient effrontément au Macédonien. Les autres, citoyens honnêtes, mais faibles ou obstinés, comme Isocrate et Phocion, ne voyaient de salut pour Athènes que dans la dictature ou dans la paix à tout prix.

La gloire de Démosthène est d'avoir eu

confiance dans la démocratie. D'autres vous diront par quels efforts persévérants il acquit la faculté oratoire que la nature semblait lui avoir refusée. Certes, j'admire ce miracle d'une volonté opiniâtre, mais ce que j'admire encore bien plus, ce qui fait la force de ce caractère et sa grandeur, c'est d'avoir compris que la puissance d'Athènes fondée par la liberté ne pouvait se relever que par la liberté. C'est à cette grande idée qu'il dut son influence, bien plus qu'à ses veilles, à ses exercices et aux leçons du rhéteur Isée. Démade avait plus de feu, Eschine plus de souplesse, Phocion plus de force, mais Démosthène avait la conviction qui manquait à ces orateurs.

Cette noble cité d'Athènes n'était pas si avilie qu'elle n'eût conservé quelques-unes des grandes traditions qui l'avaient portée si haut autrefois, qui la soutenaient encore dans sa décadence, et qui, aujourd'hui même, nous la rendent sympathique entre toutes les villes de la Grèce. La source des grandes actions était tarie dans les âmes, mais non celle de grands sentiments. Elle était encore capable de se passionner pour le beau, pour la liberté, pour la justice, et de s'exalter au souvenir du rôle désintéressé qu'elle avait joué pendant les guerres Médiques. C'est à ces grandes passions que Démosthène s'adressa. Il ne désespéra pas de ses concitoyens, et ceux-ci le récompensèrent de sa confiance en lui donnant la leur.

Où trouva-t-il le secret de les gagner? Dans son amour sincère pour eux. La sympathie vraie a un accent inimitable qui va droit au cœur parce qu'il sort du cœur. Elle a un art à elle de reprendre sans offenser, et de flatter sans corrompre; art naturel, qui ne s'apprend pas dans les écoles, et dont toute la formule peut se résumer en un mot : Pour convaincre, soyez convaincu.

Tel est le charme irrésistible de la conviction, que du jour où le peuple le sentit, il fut vaincu et apprivoisé. L'orateur, maître de ces âmes rebelles, put les manier à plaisir. Il put aborder sans détour des sujets que les autres orateurs n'osaient toucher ou ne touchaient qu'en tremblant. Il put reprocher aux Athéniens leurs vices, leur paresse, leur insouciance du bien public, leurs plaisirs dispendieux et inutiles. Ils lui souffrirent toutes ces hardiesses, pareils au patient qui livre ses plaies au fer et au feu du médecin. Ils sentirent bien en effet que celui qui osait leur parler ainsi n'était pas leur ennemi, mais leur ami dévoué, qu'il ne les blâmait pas pour le plaisir de les blâmer, mais pour obéir à sa conscience qui lui imposait le pénible devoir de les sauver en les affligeant. Bientôt même ils en vinrent à préférer ses reproches les plus sévères aux flatteries les plus basses de ses adversaires, comme si le souffle de cet homme eût été l'âme même de la République.

Ne croyez pas toutefois que la franchise

de Démosthène fût exempte de tout art. Vous en trouverez au contraire beaucoup dans ses discours. (Vous n'avez pas oublié combien il en fallait pour parler à des Athéniens.) Mais c'est un art exquis, le seul pur, le seul légitime, celui qui n'est inspiré que par la connaissance des hommes et par le désir de les persuader, celui qui met autant de soin à se cacher que l'art des rhéteurs en met à se montrer, celui enfin qui a fait dire à Pascal que *la vraie éloquence se moque de l'éloquence.*

Jeune, il s'était exercé silencieusement à la pratique des affaires dans la société des philosophes et dans l'étude approfondie de Thucydide, son maître en politique, dévoré du désir de paraître, mais attendant l'heure propice. Non content d'élever son esprit au-dessus des préjugés de la multitude, il avait fortifié son caractère contre les épreuves qui l'attendaient, il l'avait endurci aux injustices, il l'avait préparé au supplice de la popularité.

La dignité grave et austère de son maintien inspirait le respect et la confiance, et rappelait aux Athéniens le souvenir de Périclès. Jamais il n'abordait la tribune qu'avec un discours longuement mûri et médité, et cette préparation était un hommage qu'il croyait dû et aux intérêts sacrés de l'État et à l'intelligence de ses auditeurs. Ses exordes disposaient les âmes au recueillement nécessaire à la délibération.

Il invoquait les dieux, il les priait d'éclairer les Athéniens et de lui inspirer les paroles les plus propres à les convaincre, sans leur déplaire. Mais la solennité imposante de ce début était tempérée par une modestie qui lui conciliait tous les cœurs. Il s'excusait, lui si jeune, de prendre part à la discussion avant que tous les orateurs eussent parlé; il avait écouté attentivement toutes les opinions émises, et si une seule lui avait paru bonne et utile, il aurait gardé le silence (1).

Les esprits ainsi préparés, il entrait dans le vif du sujet. Vous auriez peine à vous imaginer quelle main discrète et délicate il fallait pour entreprendre de corriger les Athéniens, si vous n'aviez déjà vu combien ce peuple était susceptible. Nos assemblées parlementaires elles-mêmes n'exigent pas de leurs orateurs plus de tact et de mesure. Et qu'est-ce que nos *rappels à l'ordre* auprès des orages que soulevait chez eux le moindre écart de parole?

Mais Démosthène connaissait cette multitude comme un bon pilote connaît la mer qui a bercé son enfance. C'est plaisir de voir avec quelle agilité il louvoie entre le danger de blesser et le malheur de déguiser la vérité. C'est chez lui qu'il faut

---

(1) Les orateurs parlaient par rang d'âge, et Démosthène n'avait que trente ans quand il entra dans les affaires.

apprendre ce grand art, si familier aux Athéniens, si rare aujourd'hui chez nous, des convenances oratoires. Jamais peut-être orateur ne posséda mieux le secret de tout dire sans compromettre ni sa popularité, ni le succès de sa cause. Les euphémismes abondent dans ses discours, et les sous-entendus, et les réticences calculées, et les allusions délicates, et les détours ingénieux, qui n'éloignent un moment la pensée de la question que pour l'y ramener plus sûrement. Mais où il excelle surtout, c'est dans l'art de glisser le blâme sous l'éloge.

S'il reproche aux Athéniens leur paresse, ce n'est jamais sans louer leur intelligence. — Personne ne sait mieux que vous ce qu'il faut faire, mais vous attendez, vous tergiversez, vous comptez sur vos voisins, sur l'avenir, sur le secours du ciel. — Et encore : — Ah! si les dieux pouvaient vous donner la force de vouloir, comme il vous ont donné la faculté de comprendre! — Il leur fait le tableau le plus sombre de leur situation. Trahis par leurs orateurs, par leurs généraux, dépouillés de leurs colonies, déchus de leur puissance maritime, ils perdent leur temps à s'accuser les uns les autres, et cependant Philippe, un Macédonien, un barbare, se fait l'arbitre de la Grèce! Mais comme son but est de les convaincre et non de les abattre, il ranime aussitôt leur courage en leur prouvant que rien n'est perdu encore, qu'un effort vigoureux peut les sauver, que les dieux, toujours aussi prompts à réparer leurs fautes qu'eux à les commettre, leur fournissent une belle occasion de relever la grandeur d'Athènes sur les ruines de leur ennemi. (J'efface, en les analysant, les couleurs de cette éloquence, mais mon dessein est moins de traduire Démosthène que de vous engager à le lire.) Quelquefois il pique leur amour-propre en opposant à leurs défauts les qualités contraires de Philippe. Philippe est prévoyant, il est habile à profiter des circonstances et, au besoin, à les faire naître; il est actif, infatigable, et dans ce monde l'empire est à celui qui agit. Mais bientôt il corrige ce que ce parallèle peut avoir d'humiliant, en leur en présentant un autre où Athènes reprend l'avantage. La puissance de Philippe est plus apparente que réelle; il est entouré de sujets qui le détestent, de mercenaires disposés à le trahir, de peuples asservis qui n'attendent que l'occasion favorable pour se venger de ses perfidies. Athènes au contraire a pour elle la justice de sa cause, sa renommée antique de loyauté et de désintéressement, le souvenir des luttes qu'elle a soutenues pour l'indépendance de la Grèce, la sympathie de toutes les cités libres, et la protection des dieux. L'ambition même du Macédonien, qui menace de dévorer la république, finira par la sauver. S'il pouvait se reposer, se contenter de ses conquêtes, peut-être se trouverait-il à Athènes des citoyens disposés à se résigner et à acheter le repos au prix de la honte et de l'abaissement de la patrie. Mais toujours insatiable, toujours envahissant, il finira par réveiller les Athéniens, s'ils n'ont pas renoncé à toute espérance.

Rien ne vous semble plus facile que de dire à des hommes libres : La patrie est en danger; renoncez à vos plaisirs jusqu'à ce qu'elle soit sauvée. Rien à Athènes n'était plus hardi et plus téméraire. Le peuple, en effet, jaloux de ses plaisirs, s'en était assuré la longue et paisible jouissance par une loi qui punissait de mort la simple proposition d'affecter aux besoins de la guerre les fonds destinés aux spectacles. Démosthène exécrait cette loi insensée qui tranchait le nerf de la république et la livrait désarmée à l'ennemi. C'est sur elle, autant que sur Philippe, qu'il faisait tomber les traits les plus perçants de son éloquence. Dès son entrée en politique il la combat, mais avec quelle réserve d'abord, avec quels détours et quelles précautions! On le voit tourner autour de cette question dangereuse; il l'effleure de ses allusions timides, c'est le murmure sourd de l'abeille qui, voltigeant autour d'une fleur, semble désirer et craindre de s'y poser. Il ne condamne pas les gratifications; il n'en est ni l'adversaire ni le partisan; il ne veut ni flatter les riches en s'y opposant ni se faire bien venir des pauvres en les appuyant; ce qu'il demande (et il supplie ses auditeurs de ne pas l'interrompre avant de l'avoir entendu), ce qu'il demande, c'est que ces largesses ne soient pas perdues pour l'État, c'est qu'elles cessent d'être la prime de l'oisiveté, c'est qu'elles deviennent le salaire de services rendus à la cause publique (1).

A mesure qu'il entre plus avant dans la confiance de son auditoire, il s'enhardit peu à peu, il ose enfin aborder de front la

(1) Discours sur les réformes publiques.

redoutable loi. Ses insinuations deviennent plus claires, ses attaques plus directes : — Le meilleur avis, je le connais, Athéniens, mais quelle tournure prendre pour l'énoncer? Vous comprenez bien tous comme moi ce qu'il faudrait faire ; ce n'est pas l'intelligence qui vous manque, c'est la volonté. Je vais vous parler hardiment, et je vous supplie de ne pas vous en offenser, mais de considérer seulement si l'homme qui vous parle vous dit la vérité et s'il veut votre bien (1).

Ce premier coup porté, il sent le besoin de reculer un instant avant de revenir à la charge. Il rappelle aux Athéniens comment, à la nouvelle d'une invasion de Philippe, ils ont voté une somme de soixante talents pour équiper quarante trirèmes et lever une armée de citoyens, et comment il n'est sorti de ce beau décret qu'une misérable flotte de dix vaisseaux montés par

(1) Troisième Philippique.

des mercenaires. Il leur montre ensuite Olynthe devenue leur alliée par la merveilleuse intervention des Dieux. — Cette ville, leur dit-il, est menacée par Philippe : il faut la secourir. Votre honneur, votre liberté sont intéressés à son salut ; sa chute ouvre à Philippe le chemin de la Grèce ; Olynthe tombée, ni les Thébains hostiles, ni les Phocidiens appauvris ne sauront l'arrêter ; la guerre, dont vous n'avez encore entendu que le grondement lointain, la guerre franchira les limites de l'Attique et viendra s'abattre sur vos murs. — Oui, direz-vous, nous le savons, il faut des secours et nous en enverrons : mais comment nous les procurer? le moyen, dites?

Ainsi, grâce à ce détour, ce n'est plus l'orateur qui ouvre la discussion sur un point interdit, ce sont les Athéniens eux-mêmes qui, honteux de leurs fautes, effrayés des conséquences qu'elles entraînent, le supplient d'indiquer le remède. Loin de se compromettre en le proposant, il répond à leurs vœux, il rend un service à l'État, il fait œuvre de bon citoyen.

Si je vous fais admirer cette habileté, ce n'est pas qu'elle soit admirable par elle-même. Car remarquez bien qu'elle deviendrait inutile et même condamnable, si l'orateur pouvait dire ouvertement la vérité, c'est-à-dire s'il s'adressait à des hommes capables de la souffrir. Mais où les trouver ces hommes? La plupart sont tellement prévenus contre elle par la passion ou par l'intérêt qu'elle a besoin de ces artifices innocents pour se présenter à eux. L'art des ménagements oratoires n'est donc louable que par l'usage qu'on en fait : c'est une épée qui s'offre indifféremment à toutes mains : terrible entre celles des ambitieux qui n'ont en vue que leurs intérêts particuliers, salutaire entre celles d'un homme de bien qui aime son pays.

Voilà l'orateur maître des esprits. Comment va-t-il les convaincre? Démosthène n'a qu'une voie ouverte devant lui, l'argumentation. Car la loi lui interdit sévèrement l'emploi du pathétique. Jamais hommes ne furent plus sensibles que les Athéniens aux charmes de l'éloquence, mais aussi jamais hommes ne se méfièrent autant de leur faiblesse. Cette race ardente, incapable de résister au langage de la passion, imita l'artifice d'Ulysse l'avisé, qui, pour sauver ses compagnons de la dangereuse séduction du chant des sirènes, leur boucha les oreilles avec de la cire. Athènes défendit à ses orateurs de s'adresser aux passions; elle les enferma dans le simple exposé des faits et dans les déductions logiques qu'ils en pourraient tirer. C'était couper les ailes à l'éloquence, mais c'était se sauver de ses propres entraînements.

Heureusement le génie triomphe de toutes les règles. Il fait plus, il s'en arme comme le prisonnier s'arme de ses fers pour conquérir sa liberté. Il ressemble au torrent qui emprunte ses forces aux digues qui le resserrent.

Privé des ressources du pathétique, Démosthène concentra toute la vigueur de son génie dans le raisonnement. Il l'anima, il le passionna, il lui donna la vie et le mouvement; il en tira des effets que jamais les orateurs les plus habiles n'ont su tirer des lieux communs les plus propres à exciter la terreur ou la pitié et à bouleverser les âmes.

Réfléchissons d'ailleurs. Cette contrainte imposée en Grèce à l'éloquence politique n'est-elle pas légitime? Ne l'enferme-t-elle pas dans les vraies limites du genre? Si l'éloquence politique, en effet, n'est, comme nous l'avons dit, que le langage du bon sens parlé devant un peuple, si son but unique est de persuader des choses justes et utiles, qu'a-t-elle besoin des artifices du barreau et de l'attirail du pathétique? Vous venez me parler de mes affaires : si au lieu de me prouver par de solides arguments que le parti que vous me proposez est le meilleur et le plus conforme à mes intérêts, vous essayez de me faire sortir du calme dont j'ai besoin pour apprécier sainement vos raisons, si vous essayez de soulever en moi les passions, je me méfie de vous et je vous retire ma confiance. Vous n'êtes pas un sage conseiller, vous êtes un corrupteur. Réservez vos grands mouvements pour la veuve et pour l'orphelin, portez-les au barreau, et laissez la tribune à Démosthène.

Il était si convaincu du rôle sérieux d'un vrai conseiller du peuple, il règne dans ses discours un ton de sincérité si naturel, il s'oublie lui-même avec tant d'abnégation pour ne laisser paraître que ce qu'il croit être le juste et le vrai, que s'il eût parlé devant une assemblée de gens plus sages que les Athéniens, il est hors de doute qu'il se fût borné, pour les convaincre, au langage de la raison pure. Mais ce n'est pas la raison qui domine chez les peuples, c'est l'imagination. Les philosophes conçoivent des abstractions; les peuples ne comprennent que les idées qu'ils voient et qu'ils touchent. Il faut les leur rendre sensibles, les habiller de chair, pour ainsi dire, et les mettre en mouvement sous leurs yeux. Il ne suffit pas qu'elles sortent de la bouche de l'orateur, il faut qu'elles se montrent vivantes dans son attitude, dans son geste, dans ses intonations et même dans ses silences. L'action, l'action, c'est le cri de Démosthène, c'est le cri de la nature et de l'expérience. Parler à la tribune, en effet, n'est-ce pas agir, puisque la délibération resterait stérile, si l'action n'en devait pas sortir?

Le triomphe du génie de Démosthène est donc tout dans l'action, c'est-à-dire dans la véhémence du raisonnement. Rien n'égale la vigueur et la rapidité de ses déductions. Il ne vous montre pas le but auquel il veut vous conduire, il vous y mène par une pente irrésistible et ne vous donne le temps de vous reconnaître que quand vous y êtes arrivé. Il ne vous dit pas : Je vais prouver, je vais établir, voici mes prémisses, suivez mes conclusions. Il ne prend que le temps de gagner votre bienveillance, et le voilà déjà entré dans le cœur de son sujet : les preuves aussitôt se succèdent, s'enchaînent, se développent en une trame dont les mailles invisibles vous étreignent d'une force victorieuse. Point de ces divisions arbitraires auxquelles ont recours les orateurs médiocres, soit pour aider leur mémoire, soit pour masquer sous un air de méditation apprêtée la pauvreté de leur conception; mais un développement simple, aisé, abondant, qui coule du sujet comme un fleuve de sa source. « C'est un discours qui croît et se fortifie à chaque parole par des raisons nouvelles (1). » Vous oubliez l'orateur; ce n'est pas lui qui parle, c'est la vérité, c'est

(1) Fénelon, *Dialogues de l'Éloquence.*

le bon sens, c'est l'évidence : il paraît moins posséder son sujet qu'en être possédé ; vous le croyez entraîné par le torrent de la conviction et vous vous laissez entraîner avec lui. Je ne trouve qu'un mot pour définir le caractère de son génie : Démosthène, c'est la raison passionnée.

Des orateurs vendus à Philippe ont osé entreprendre à la tribune la justification de ce prince. Ils ont vanté ses intentions pacifiques et rejeté sur le parti national la responsabilité des malheurs de la guerre. Démosthène voit le danger de cette tactique : elle flatte l'indolence naturelle des Athéniens, elle excite leurs soupçons contre leurs chefs, elle aigrit les partis, elle divise les forces de l'État au moment où leur union est le plus nécessaire à son salut. Il s'élance à la tribune et, au lieu de chercher des développements dans les lieux communs si chers aux sophistes, il les puise dans l'objet même de la discussion. — On nous accuse, dit-il, d'être les auteurs de la guerre. Si la paix est possible, si elle dépend de nous, si elle est entre nos mains, conservons-la; que celui qui peut en garantir le maintien se lève et propose un décret, nous le voterons. Mais s'il n'en est pas ainsi, si je vous prouve que nous sommes en guerre avec Philippe et que Philippe est l'agresseur, ne conviendrez-vous pas qu'il faut tout préparer pour une défense vigoureuse? — Philippe, disent ses partisans, n'a jamais déclaré la guerre à Athènes, et ils en concluent que nous sommes en paix. Quelle paix que celle qui fait tomber devant le Macédonien tous les pays de la Grèce et lui ouvre le chemin de l'Attique! Dites, si vous voulez, qu'Athènes est en paix avec Philippe, mais ne dites pas que Philippe est en paix avec Athènes. Vous attendez qu'il vous lance un manifeste, mais attendez donc alors, pour croire aux hostilités, qu'il entre dans vos murs! Comment pouvez-vous être assez simples pour croire qu'il vous déclarera jamais la guerre? L'a-t-il déclarée aux peuples qu'il a soumis? L'a-t-il déclarée aux Olynthiens, aux Phocidiens, aux Thessaliens, aux Oritains? (Et l'orateur énumère les perfidies de Philippe.) Quand il serait maître du Pirée et de l'Acropole, il protesterait encore de ses intentions pacifiques. Et pourquoi vous avertirait-il de ses desseins par une déclaration? Pourquoi vous ouvrirait-il les yeux, quand vous vous obstinez à les fermer? Pourquoi démentirait-il les orateurs qu'il a payés pour vous tromper? Mais, au nom des dieux, vous qui criez si haut que Philippe ne vous fait pas la guerre, dites, est-ce sur les paroles ou sur les faits qu'on juge si l'on est en paix ou en guerre avec quelqu'un? Or il est évident que Philippe a rompu les traités; il est évident qu'il nous a enlevé, sans provocation, nos places de la Chersonèse. Si cette perte vous paraît légère, à la bonne heure! Mais, admettons qu'elle le soit, doit-on mesurer l'étendue de l'offense au tort qu'elle nous fait, et la violation du serment n'est-elle pas aussi condamnable dans les petites choses que dans les grandes? Encore si Philippe s'était borné à ces hostilités! Mais il a occupé Mégare, il a imposé des tyrans à l'Eubée, il a envahi la Thrace, il intrigue encore aujourd'hui dans le Péloponèse. Et il appelle cela observer la paix! Alors pousser des machines contre une place, ce n'est pas l'attaquer, et le siége ne commence que quand les échelles sont dressées sur les murs! —

C'est peu d'avoir fermé la bouche aux partisans de l'étranger et de la paix à tout prix; c'est peu d'avoir effrayé les Athéniens en leur prouvant qu'ils n'ont pas le choix entre la guerre et le repos, et qu'ils sont perdus s'ils n'agissent. Il faut enflammer les cœurs après avoir éclairé les esprits; il faut achever par la passion l'œuvre du raisonnement. C'est sur ce point que Démosthène concentre toutes ses forces et qu'il fait peser, pour ainsi dire, tout le poids de son éloquence.

Il leur fait des attentats de Philippe un résumé énergique, plein d'interrogations pressantes et de reproches amers qui les poignent au vif et font tressaillir toutes les fibres de leur être. Il leur rappelle les temps glorieux où Athènes avait la prééminence sur la Grèce. Lacédémone ensuite, puis Thèbes héritèrent du premier rang : mais Lacédémone et Thèbes étaient des cités grecques. — « Aujourd'hui celui qui commande en maître, ce n'est pas le fils légitime de la maison, c'est un intrus, un homme qui n'a rien de commun avec la Grèce, un Macédonien, pour tout dire, un homme né dans un pays où jamais on n'a pu acheter un bon esclave. Qu'attendez-vous pour le punir? Vous a-t-il épargné un seul affront? C'est peu du sac de tant de villes; ne préside-t-il pas les jeux Pythiques, ces grandes assemblées de toute la Grèce? Et quand il ne peut y assister, n'y envoie-t-il pas ses esclaves pour présider à sa place? N'est-il pas maître des Thermopyles et des passages de la Grèce? N'y tient-il pas des garnisons de soldats étrangers? Ne s'est-il pas arrogé le droit exorbitant de consulter le premier l'oracle d'Apollon, après nous avoir enlevé à nous et aux Thessaliens et aux autres Amphictyons ce privilége que les Grecs eux-mêmes n'auraient pas osé nous disputer? N'a-t-il pas l'audace d'imposer aux Thessaliens la forme de leur gouvernement?... Et les Grecs voient ces choses, et ils les souffrent, pareils à des gens qui regarderaient tomber la grêle et se borneraient à souhaiter qu'elle tombât sur le champ du voisin, sans rien faire pour s'en garantir eux-mêmes.

« Ils subissent ces affronts, immobiles, impuissants, se méfiant les uns des autres, confiants dans le seul agresseur. Ah! je vous le demande, s'il brave déjà insolemment la Grèce tout entière, que ne fera-t-il pas quand il nous aura successivement tous domptés ? »

Quand vous dépouilleriez cette admirable logique de l'ornement du style, il vous resterait encore, en lisant le résumé des harangues de Démosthène, le plaisir de suivre une démonstration bien faite. Mais chez lui l'expression et la pensée ne forment qu'un corps. Il serait aussi impossible de séparer ses idées de la forme qu'il leur a donnée que de détacher une pierre des vieilles constructions soudées par le ciment romain. Dire que la parole est, dans cet admirable orateur, le vêtement de la pensée, ce n'est pas assez dire, elle en est la chair et le sang.

Ceci demande une explication. Une vérité morale ou géométrique, quelle que soit la forme dont on la revêt, est toujours une vérité. C'est au poids et non au timbre qu'on l'estime. « Le tout est plus grand que la partie; il faut rendre à chacun ce qui lui est dû, » et d'autres axiomes ont, dans toutes les langues, la même force et la même valeur. Les formules abstraites n'ont ni couleur ni harmonie propres. Mais il n'en est pas de même des idées oratoires. Ce que le savant voit avec la raison, l'orateur le voit avec les yeux du corps. Les idées ont pour lui des formes qu'il distingue non-seulement à leur accent particulier et au son qu'elles rendent en touchant les cordes de son âme, mais encore à l'attitude qu'elles prennent en se présentant à son imagination. De là ces expressions si justement appliquées au travail oratoire : la *couleur* et le *mouvement*, c'est-à-dire l'art de noter les sons des idées et de représenter leurs attitudes. Séparez ces deux attributs des pensées exprimées par l'orateur, elles existent encore, mais dépouillées de leur valeur oratoire. Celui donc qui voudrait vous donner une idée de Démosthène et qui se contenterait de vous faire une analyse de ses discours, ressemblerait à quelqu'un qui secouerait les feuilles et les fruits d'une tige et qui vous montrerait un squelette d'arbre en vous disant : Voilà un arbre !

« Quand donc, ô Athéniens, ferez-vous ce qu'il faut faire? Qu'attendez-vous, bons dieux? L'occasion? la nécessité? Mais ce qui se passe maintenant, quel nom lui donner? et y a-t-il pour des hommes libres une nécessité plus pressante que la honte d'une situation mauvaise? Vous verra-t-on toujours aller aux nouvelles sur la place et vous demander : Qu'y a-t-il de nouveau? Eh! qu'y aurait-il de plus nouveau qu'un homme de Macédoine qui bat les Athéniens et s'impose à la Grèce? Philippe est mort, dit-on. — Non, par Jupiter, il n'est que malade. Et quand il lui arriverait malheur, qu'importe, puisque, par votre négligence, vous vous feriez bientôt un autre Philippe?

« Si on vous demandait : Êtes-vous en paix, Athéniens? — Non, diriez-vous, nous sommes en guerre avec Philippe. En effet, vous avez nommé plus de trente généraux. Mais que font-ils, ces braves gens? Vous en avez envoyé un à la guerre, et les autres passent leur temps à conduire des processions. Vous ressemblez à des mouleurs en argile : quand vous faites des généraux, c'est pour l'étalage et non pour l'action.

« Savez-vous pourquoi vos grandes fêtes les Panathénées et les Dionysiaques se font toujours exactement au temps prescrit, quel que soit le degré d'intelligence des ordonnateurs ? C'est que là tout est réglé par la loi, c'est que chacun sait longtemps à l'avance quel est le chorége et le gymnasiarque de sa tribu, combien il doit recevoir, quand, de quelles mains, et ce qu'il doit faire; c'est enfin que tout est prévu et limité, et qu'il n'y a pas place pour la négligence. Mais pour ce qui concerne la guerre et ses préparatifs, ce n'est que désordre, anarchie et confusion.

« Et quand vous vous décidez enfin à

combattre Philippe, quelle est votre tactique ? Celle des barbares dans le pugilat. Vous leur portez un coup, ils mettent la main sur leur blessure; un second coup, même mouvement. Quant à riposter ou à regarder l'adversaire en face, ils n'y songent pas. Voilà votre système de guerre. »

Est-ce un orateur qui s'exprime ainsi, ou n'est-ce pas plutôt un peintre qui vous offre le portrait des fils dégénérés de la vieille Athènes ? De semblables images ne parlent-elles pas aux yeux autant qu'à l'intelligence ? Ne vous semble-t-il pas qu'elles devaient faire entrer, comme autant de pointes acérées, la honte et le remords dans l'âme des auditeurs ? Voilà bien la véritable éloquence, sœur de la poésie. Mais ces tours heureux, ces vives figures, ces comparaisons hardies que Démosthène prodigue, c'est la passion qui les trouve, l'esprit les chercherait en vain. Lisez les lettres de madame de Sévigné : « Ma fille, je vous aime, » en voilà toute la substance.

Mais quelle variété dans l'expression de ce sentiment ! « Athéniens, dit Démosthène, vous délibérez quand il faudrait agir, » et comme il est plein de cette pensée amère, il ne peut la contenir, elle remonte sans cesse de son cœur à ses lèvres. En effet le propre de la passion est de se répéter toujours, mais sans se copier jamais. Elle revient sur la même idée, comme si elle craignait de ne pouvoir assez l'exprimer, et chaque fois qu'elle l'exprime, elle le fait en termes si nouveaux qu'on croit l'entendre pour la première fois.

En vous montrant dans Démosthène le patriote, le dialecticien passionné, le peintre sobre et vigoureux, vous ai-je représenté l'orateur tout entier? Non, il manque un trait à mon esquisse, un trait nécessaire et sans lequel ce personnage serait peut-être le plus parfait des orateurs d'Athènes, mais non l'idéal de l'orateur politique. Démosthène était un honnête homme. Entendez ce mot dans sa plus large acception, et appelez honnête homme celui qui conforme en tout ses paroles et ses actes aux règles de la justice.

Sa jeunesse avait été nourrie aux leçons de l'Académie. A cette grande école de Platon, il avait appris qu'il n'y a qu'une morale, applicable aux États comme aux particuliers, à la vie publique comme à la vie privée, et que la politique la plus juste est non-seulement la seule bonne mais encore la seule utile. Il répétait souvent (c'est Plutarque qui nous le dit) que tous les intérêts doivent céder à l'honnêteté, et qu'il faut faire le bien pour le seul amour du bien. Ce sentiment élevé du juste respire dans tous ses discours : il en forme pour ainsi dire la moelle et la substance : — « Ce n'est pas sur l'injustice, dit-il, ni sur la perfidie, ni sur le mensonge que l'on a jamais pu fonder une puissance durable. Ces moyens peuvent réussir une fois, ils peuvent assurer à celui qui en use une prospérité passagère et enfler ses espérances si le hasard le seconde. Mais une fortune ainsi bâtie tombe avec le temps et s'écroule sur elle-même. De même que les maisons, les navires et les autres constructions ont besoin pour durer d'avoir de solides assises, de même il faut que les actions des hommes aient pour principes et pour bases la vérité et la justice. »

On peut en dire autant de l'éloquence. Otez-lui le fondement d'une conviction sérieuse et d'un amour désintéressé du bien, vous enlevez à l'orateur toute autorité morale et à ses paroles toute gravité. L'éloquence sans principes cesse d'être un art utile; elle devient un jeu d'esprit, et la tribune une sorte de théâtre où les plus habiles luttent entre eux pour le pouvoir, comme les acteurs pour les applaudissements. La probité est si nécessaire aux hommes d'État que les ambitieux sont souvent ceux qui l'étalent avec le plus de faste dans leurs discours; mais elle est si difficile à feindre, qu'ils soutiennent rarement leur rôle jusqu'au bout. Ils ont beau prodiguer les grandes maximes et les lieux communs de la vertu, ils se trahissent toujours par quelque contradiction de langage. Comme les laquais de bonnes maisons qui changent de livrée en changeant de maître, ils ont des théories pour toutes les circonstances et une morale différente pour tous les auditoires.

Démosthène n'a pas de ces inconséquences. Dans le grand combat qu'il soutint pour la liberté de son pays contre l'ambition de la Macédoine, on ne le vit jamais biaiser, jamais transiger, jamais recourir à des moyens que l'honneur réprouve. Sa politique fut toujours franche, avouable, intrépide. Le pouvoir de Philippe, ses armées, ses menaces, ni ses promesses ne purent l'ébranler, et, pour parler comme Plutarque, l'or de la Macédoine le trouva inexpugnable. Ce qu'un citoyen peut faire pour le salut commun, il le fit, sans hésitation, sans peur, sans arrière-pensée. Seul, au milieu des Grecs divisés, n'ayant pour armes que son génie et sa conscience, il résista à un roi puissant et tint ses forces en échec : il montra que le souffle d'un homme libre peut valoir des armées ; il ranima la vertu éteinte des Athéniens et leur donna l'illusion du succès ; il fit plus, il souleva toute la Grèce et la jeta sur Philippe. Vaincue, il la consola ; quand les autres se taisaient, il lui parla de patrie, d'indépendance, il lui prouva qu'il y a des défaites aussi triomphantes que les victoires, et que la cause du droit n'est jamais perdue, tant qu'il reste une bouche éloquente qui proteste en son nom ; enfin, quand son patriotisme n'eut plus d'armée à opposer à la Macédoine, il évoqua les morts de Chéronée et convia les générations futures à les imiter.

Vous connaissez cette belle revendication du droit contre la force victorieuse ; elle s'appelle le *Discours de la Couronne*,

Plusieurs années après la défaite des Grecs à Chéronée, pendant qu'Alexandre était en Asie, Eschine, sur un misérable prétexte, intenta un procès à son rival politique. Il lui reprocha son administration, il lui imputa les malheurs de la guerre et l'asservissement de son pays. Démosthène retourna cette accusation contre lui et contre les traîtres comme lui, agents corrupteurs du Macédonien; il prouva, vous savez avec quelle éloquence, que tous ses actes avaient été conformes à l'honneur d'Athènes et à ses véritables intérêts; qu'elle n'aurait pu trahir la cause de l'indépendance commune, sans manquer à son devoir et aux traditions des ancêtres; que ce qu'elle avait fait, elle aurait dû le faire, même quand les événements auraient pu être prévus, même quand la défaite aurait paru certaine : « Non, Athéniens, non, vous n'avez pas failli, quand vous vous êtes exposés pour la liberté et le salut de tous, j'en jure par nos ancêtres les combattants de Marathon et de Platée, les glorieux marins de Salamine et d'Artémise, etc. »

Les Athéniens applaudirent à ces belles paroles, comme à une revanche de Chéronée. Ils condamnèrent l'accusateur, ils justifièrent la politique de Démosthène en lui accordant de nouveaux honneurs; ils le récompensèrent par de magnifiques décrets de n'avoir pas désespéré de la liberté, même quand la liberté était perdue pour jamais.

Certes, voilà bien des siècles que s'est éteinte cette grande voix, la plus forte peut-être qui ait jamais remué les entrailles humaines; il ne reste plus des passions qui l'ont inspirée qu'un écho vague et lointain ; et cependant, tel est l'empire de la vraie éloquence, qu'aujourd'hui même où ces événements sont si loin de nous, nous ne pouvons lire sans une émotion profonde ce sublime plaidoyer. A mesure que nous suivons les développements de l'orateur, nous voyons le débat s'agrandir et prendre les proportions d'un drame qui intéresse les destinées du genre humain. Ce n'est plus un prince de Macédoine qui est en lutte avec une petite république : c'est l'esprit de liberté aux prises avec l'esprit de conquête et d'oppression. Le combat n'a plus pour théâtre un petit coin de l'Europe, mais l'univers tout entier; il ne s'agit plus de la prééminence de la Grèce, mais d'un intérêt bien plus vaste, du droit qu'a tout homme de vivre et de mourir libre dans le pays de ses pères. Enfin Démosthène n'est plus l'orateur des Athéniens et le rival d'Eschine, mais l'avocat des opprimés et l'ennemi des tyrans. Aussi, quand il jette ce cri : « Non, Athéniens, vous n'avez pas failli ! » ce ne sont pas seulement les vaincus de Chéronée qui applaudissent et qui se sentent consolés, mais les hommes de tous les temps qui ont succombé en défendant une cause juste.

DEUXIÈME PARTIE

L'ÉLOQUENCE DU BARREAU

I

CARACTÈRES GÉNÉRAUX DE L'ÉLOQUENCE ROMAINE

Quand la conquête macédonienne eut renversé la tribune et étouffé la voix de Démosthène, l'éloquence, bannie de la place publique, se réfugia dans les écoles. Il y eut des rhéteurs à Athènes, il n'y eut plus d'orateurs.

Ce n'est donc plus en Grèce que nous suivrons son développement ; c'est à Rome que nous la verrons naître et fleurir, mais dans des conditions toutes nouvelles. Car n'oublions pas que, si son but unique est de persuader, les moyens qu'elle emploie pour y parvenir sont infinis. Comme le même souffle de vent retentit avec des modulations différentes en passant de la plaine à la montagne et de la montagne à la forêt, de même elle change d'accent en changeant de théâtre.

Nous l'avons vue en Grèce, enchaînée par des lois sévères, concentrer toutes ses forces dans la dialectique. Les Romains, race plus dure que les Grecs, sont moins artistes : les travaux de la campagne, les dangers continuels de la guerre endurcissent leurs nerfs, émoussent leur sensibilité. Leur langue, mâle et énergique, manque de souplesse et d'harmonie : les durs laboureurs du Latium ont le parler ferme et bref des futurs conquérants du monde : *brevitas imperatoria*. Ils aiment les pensées fortes, les grands mouvements; mais les nuances leur échappent. Plus enjoués que spirituels, leur ironie éclate en invectives, leur gaieté en bruyantes saillies. A la délicatesse de Térence ils préfèrent le gros sel de Plaute; aux bouffonneries de Plaute, les émotions du Cirque. La nature leur a donné la force et l'éclat; mais elle leur a refusé l'esprit de finesse et le sentiment des proportions. Le murmure mélodieux de l'abeille attique se perdrait dans le tumulte de leurs assemblées, et son miel leur paraîtrait fade. Il faut des Athéniens pour comprendre l'art mesuré d'un Démosthène; l'esprit peu subtil des Latins perdrait le fil de ses déductions et s'embrouillerait dans les détours de ses raisonnements.

Ce peuple semble créé pour deux choses uniquement : l'administration et la guerre. Il a le sens droit, mais borné aux choses pratiques. Sa religion est toute dans les cérémonies; son respect de la loi dans la stricte observation du texte; sa philosophie dans la morale. Les idées abstraites avec lesquelles se joue la subtilité grecque glissent sur son gros bon sens. Ce n'est pas lui que l'on passionnerait en lui présentant l'idéal d'une justice supérieure à la raison d'État. Pour lui, la justice c'est l'intérêt de la république; la vertu, c'est le sacrifice à la patrie; le bonheur suprême, c'est de vaincre et de commander. Tandis que la tribune athénienne, dominant la ville et le golfe d'Egine, ouvre au regard et à l'imagination de vastes perspectives, le forum, enfermé entre le Capitole et le mont Palatin, arrête la vue de l'orateur sur les monuments de la grandeur romaine et concentre sa pensée dans l'enceinte de la cité. Certes, j'admire le patriotisme des beaux âges de la grande république; je l'admire comme la source d'où sont sortis les plus grands caractères et les plus nobles actions qu'il ait jamais été donné à aucun peuple de produire pour l'exemple des hommes; mais ce patriotisme a je ne sais quoi de dur et d'austère qui étonne et ne touche pas. Ce qui manque à l'organisation de ces hommes, c'est la fibre humaine; ce qui manque à leurs discours, c'est le souffle généreux qui enflamme la parole de Démosthène. Ils excitent plutôt l'admiration que la sympathie : leurs vertus sont belles, mais un peu farouches; il y a du mépris pour l'humanité dans leur héroïsme, et, si j'ose ainsi dire, de l'égoïsme dans leur dévouement. A les entendre exalter sans cesse en termes magnifiques la majesté du sénat et du peuple, nous éprouvons à la longue comme un secret dépit, celui que ressentiraient des vaincus humiliés par la jactance de leurs vainqueurs. Combien l'éloquence des Grecs est loin de cette morgue! Combien elle est plus aimable et plus communicative! C'est que l'esprit de ce peuple est sociable autant que celui des Romains est personnel. Ces tribuns, ces consuls, qui n'ont à la bouche que les droits du peuple ou les priviléges du sénat, ne sont que les orateurs de Rome; Démosthène, le défenseur de la justice, est l'orateur du genre humain.

Si j'ai réussi à vous tracer nettement le caractère de ces hommes (et notez bien que je ne vous parle pas encore des Romains civilisés par la Grèce, mais des vrais fils de la louve, des purs Latins, de ceux qui préparèrent la conquête du monde par celle de l'Italie), si, dis-je, je vous les ai représentés dans leur primitive rudesse, vous n'aurez pas de peine à comprendre que pour émouvoir ces paysans et ces soldats, il fallait de violentes secousses, et que la parole ne pouvait arriver à leurs âmes qu'en remuant leurs sens et en leur donnant, pour ainsi dire, le frisson de la chair. Aussi leurs orateurs multiplient les images, prodiguent les invocations, les apostrophes, tous les mouvements les plus dramatiques. Comme si les paroles ne leur suffisaient pas pour exciter les passions, ils font parler les choses; ils changent la tribune en un théâtre et produisent l'éloquence en scène ; ils lui donnent un appareil tragique ; ils lui mettent de vraies larmes dans les yeux ; ils la montrent traînant des lambeaux de deuil, les bras tendus vers le peuple, les cheveux longs et défaits, la poitrine ouverte et cicatrisée : ils arrachent le cœur au lieu de l'effleurer. Le pathétique n'est plus chez eux, comme en Grèce, l'arme ou, pour mieux dire, la pointe du raisonnement : c'est un lieu commun, que l'on traite à part, qui anime l'exorde et enflamme la péroraison. Il ne seconde plus l'argumentation, il la remplace ; il est à lui seul une preuve, un élément de persuasion. — « Nous l'emportons dans le pathétique, » a dit Quintilien. C'est définir d'un seul mot l'éloquence romaine. Le pathétique est en effet son trait dominant, celui qui la distingue de l'éloquence grecque.

II

LE PATHÉTIQUE

Si les Grecs ont fait dans leurs discours une part si restreinte au pathétique, ce n'est certes pas par impuissance. Ces maîtres de la parole ont montré qu'ils excellaient dans l'art de remuer les passions, comme dans tous les autres arts où s'est exercé leur merveilleux génie. Il suffit pour s'en convaincre de lire leurs poëtes. Je ne vous rappellerai pas les admirables paroles que le vieil Homère met dans la bouche de Priam demandant à Achille le corps de son fils. Elles sont dans toutes les mémoires, ou plutôt dans tous les cœurs. Mais écoutez, dans Euripide, Iphigénie suppliant son père : « Mon père, ne me fais pas mourir avant l'âge, ne me condamne pas à descendre au pays des ténèbres, car il est doux de voir la lumière. La première j'ai été bercée sur tes genoux, je t'ai donné mes caresses et j'ai reçu les tiennes. « — Eh bien, ma « fille, me disais-tu, te verrons-nous « bientôt au foyer d'un époux, heureuse, « riche et florissante? » Moi, caressant ta barbe, qu'aujourd'hui je touche en suppliante, je te répondais : « — Et toi, mon « père, quand tu seras vieux, aurai-je le « bonheur de t'avoir auprès de moi, dans « ma maison, et de te rendre les soins que « tu donnes à mon enfance? » Ah! ces chères paroles, je les ai gardées dans ma mémoire, mais toi tu les as oubliées, et tu veux égorger ton enfant... Allons, mon père, tourne la tête vers moi, donne-moi un regard, un baiser; j'emporterai au moins cela de toi en descendant dans la tombe, si tu ne veux pas te laisser attendrir. Viens, mon frère, tu es encore bien petit pour me défendre; viens cependant, et prie ton père avec tes larmes, fléchis-le pour que ta sœur ne meure pas. On dit que les enfants eux-mêmes ont le sentiment des maux qu'ils voient souffrir. Regarde, mon père, il te prie en silence. Allons, ne repousse pas ta fille; aie pitié de sa vie ! »

. On admire l'art des poëtes qui ont su rendre avec cette vérité les cris de la nature; mais on n'admire pas moins la sagesse des législateurs athéniens qui interdirent à cet art dangereux l'accès des tribunaux. Représentez-vous, en effet, dans une enceinte où siégeaient jusqu'à dix mille juges, choisis par le sort dans tous les rangs du peuple, quel trouble des tableaux pareils à celui-là auraient jeté dans les âmes, puisque, même dépouillés de l'action et du prestige de la scène, ces vers du poëte ont encore aujourd'hui un accent qui nous pénètre. Devant de pareilles foules, un véritable orateur, à qui on eût laissé pleine carrière, eût été le maître des consciences; il eût tenu dans ses mains la vie et la fortune de ses concitoyens ; il eût disposé de la justice.

Je vous ai déjà dit que les Grecs avaient réglé par des lois l'usage de l'éloquence ; mais je ne vous ai pas énuméré les précautions qu'ils avaient prises contre elle, ou plutôt contre eux-mêmes. Le tribunal antique de l'aréopage enfermait les plaidoiries dans l'exposé des faits de la cause. Dans les jugements du peuple, les parties intéressées étaient tenues de plaider elles-mêmes leur cause, et leur plaidoyer se bornait presque toujours à la lecture d'un discours composé pour la circonstance par un orateur en renom. Ainsi Lysias, qui en écrivit deux cents, n'en prononça lui-même qu'un fort petit nombre. Encore cette éloquence d'emprunt n'était-elle pas libre dans son allure : les exordes devaient être de courtes expositions ; les péroraisons de simples résumés ; enfin la clepsydre mesurait parcimonieusement le temps à l'orateur. Vous vous demandez ce que devait être l'éloquence judiciaire, soumise à des restrictions si sévères. Un exemple vous le montrera. Lysias avait eu un frère proscrit par les trente tyrans. Quand la ville les eut chassés et que les lois eurent repris leur empire, il intenta un procès à Eratosthène, celui des Trente qui avait ordonné cette exécution. Quelle cause pour un orateur! Un frère plaidant pour son frère contre un homme détesté, devant des juges encore pleins du souvenir récent de l'odieuse tyrannie! Quelles invectives passionnées, quels brûlants appels à la vengeance, quels mouvements pathétiques! Comme il semble que, dans une situation pareille, la haine, l'indignation, la douleur, tous les sentiments qu'un cœur peut contenir doivent déborder dans le discours! Voici de quel ton Lysias s'exprime : « Les Trente prononcèrent contre Polémarque (1) leur sentence accoutumée : ils

---

(1) Son frère.

lui ordonnèrent de boire la ciguë, et bien loin de le juger et de lui permettre de se défendre, ils ne daignèrent pas même l'informer de la cause pour laquelle il devait mourir. Nous avions trois maisons ; quand le cadavre sortit de la prison, ils ne permirent pas qu'il fût reçu dans aucune : ils louèrent une litière et l'y firent jeter. Nous avions abondance de linge : ils refusèrent d'en donner pour l'ensevelir ; nos amis durent se cotiser : l'un fournit un drap, l'autre un oreiller, chacun donna ce qu'il pouvait. Nous avions chez nous sept cents boucliers, de l'or et de l'argent à profusion, du cuivre, des objets d'art, des voiles et des parures de femme en si grande quantité que jamais les Trente n'auraient espéré avoir richesses pareilles en leur possession. Nous avions enfin cent vingt esclaves (et notez qu'ils prirent pour eux les plus beaux et vendirent les autres au marché), eh bien, voici un fait qui montrera jusqu'où allaient leur avidité insatiable, leur ignoble convoitise et la bassesse de leur caractère. La femme de Polémarque avait des pendants qu'elle possédait déjà quand elle entra, nouvelle mariée, dans notre maison : Mélobios les lui arracha des oreilles. Ainsi il n'y a pas une partie de notre patrimoine, si minime qu'elle fût, qui trouvât grâce devant eux, et ils nous persécutèrent, pour avoir nos biens, avec tout l'acharnement que met la haine à poursuivre sa vengeance. »

Voilà le ton général du discours. Vous diriez d'un avocat plaidant une cause étrangère. Je me trompe, un avocat déployerait plus de chaleur. Lisez les plaidoyers civils d'Antiphon, de Démosthène, d'Andocide, vous n'en trouverez pas un qui sorte de cette mesure. Toute l'adresse de ces orateurs se borne à grouper les preuves et à présenter les faits dans l'ordre le plus naturel et le plus vraisemblable. Je sais bien que cette simplicité apparente cache un art réel, et que sous cette froideur calculée on sent palpiter une émotion vraie. Mais ces qualités ne rachètent pas à nos yeux l'absence des grands mouvements. L'esprit est satisfait, les oreilles sont charmées; le cœur n'est pas ému. Les Romains trouvaient déjà l'atticisme de Lysias un peu maigre; nous, dont l'éloquence s'est formée aussi à l'école du pathétique, nous pensons comme les Romains. Et cependant c'est avec ces moyens, qui nous semblent si pauvres, que les Grecs arrivaient au but de l'éloquence, qui est la persuasion. Tant il est vrai que cet art dépend des mœurs et des institutions, qu'il varie avec les âges, et qu'il est téméraire de vouloir l'enchaîner dans des règles absolues!

En passant d'Athènes au forum romain, on se croirait transporté des exercices élégants de la palestre aux jeux violents du Cirque, tant le spectacle est différent. Lisez les premières légendes de Rome, à leur couleur dramatique, vous reconnaîtrez déjà le génie de la race latine. Ce Mucius Scævola, la main sur le brasier; cette Lucrèce qui se poignarde devant sa famille en demandant vengeance; ce Virginius qui brandit dans la foule le couteau teint du sang de sa fille; ce Camille qui renverse la balance où Brennus a jeté son épée, tous ces personnages sont des héros sans doute, mais les héros d'un peuple qui ne conçoit guère la grandeur dépouillée de la pompe du décor et du prestige de la scène.

Lorsqu'en lisant Tite-Live, vous voyez au Sénat d'éloquents patriciens, au camp d'énergiques consuls, sur le forum des tribuns véhéments, vous ne voyez qu'un côté de l'existence romaine, le grand côté, qui n'est pas le plus vrai. Ces hommes jouent un rôle; ils ont le masque et le cothurne tragiques; l'ardeur de l'action, l'effort de la lutte, l'orgueil du triomphe les exaltent : ils sont plus grands que nature.

Quelle différence entre la mort solennelle et théâtrale d'un Sénèque et la simplicité familière avec laquelle Socrate, en prison, montre à ses disciples ses pieds endoloris par les fers ! De pareils contrastes nous en disent plus sur l'esprit des deux races que toutes les réflexions.

Suivez les annales de Rome depuis sa naissance jusqu'aux temps malheureux de l'empire, vous verrez partout le drame mêlé à l'histoire. C'est un malheureux plébéien qui soulève le peuple contre les riches, en lui montrant sur son corps les traces sanglantes de la cruauté de ses créanciers ; c'est Fabius qui, devant le Sénat de Carthage, secoue la guerre des plis de son manteau ; c'est le malheureux Varron portant toute sa vie le deuil de ses légions de Cannes ; c'est Popilius enfermant dans un cercle le roi Antiochus ; ce sont les enfants de Persée traînés en triomphe avec leur père et tendant au peuple leurs mains suppliantes ; c'est César égorgé en plein jour, dans le Sénat, et tombant au pied de la statue de Pompée; c'est Antoine étalant devant les rostres le cadavre du dictateur et comptant ses blessures; enfin c'est Agrippine en deuil, débarquant à Brindes, accompagnée de ses fils orphelins et pressant sur son sein l'urne de Germanicus. La joie, la douleur, la pitié, tous les mouvements que l'éducation nous apprend aujourd'hui à renfermer en nous, à Rome éclataient librement et se traduisaient au grand jour par d'émouvantes manifestations. Habitués à vivre dès l'enfance sous les yeux de leurs concitoyens, ces hommes regardaient la place publique comme leur maison et ne craignaient pas de s'y donner en spectacle.

Ils y jouaient, pour ainsi dire, leurs sentiments, comme les acteurs leurs rôles sur la scène, avec cette différence que les acteurs rendent souvent l'émotion sans la ressentir, tandis que les Romains, la ressentant réellement, la jouaient souvent sans le savoir.

Pour juger des effets que pouvait produire sur le théâtre de l'éloquence cette libre expansion des sentiments de la nature, éloignons un moment notre pensée des enceintes étroites où s'exerce timidement l'art moderne, devant un public restreint d'oisifs délicats, de jurés bourgeois ou campagnards, de juges interprètes scrupuleux et inflexibles de la loi. L'orateur romain plaide en plein air, dans le vaste forum, en présence d'une foule qui s'agite comme une mer au souffle de sa parole. Quand il parle devant le peuple, il a pour piédestal les rostres, pour horizon les temples des dieux et les arcs de triomphe bâtis avec les dépouilles des ennemis. De même qu'un artiste exagère les proportions des statues qui doivent orner les fûts des colonnes ou les sommets des édifices, de même il donne à sa voix et à son action une ampleur digne du théâtre qu'il domine du regard et du geste. Grâce à la perspective qui relève sa physionomie et sa taille, il peut, sans craindre le ridicule, s'abandonner à tous les transports de la passion, à toutes les inspirations du génie. Il peut se frapper le front et la poitrine, il peut déchirer la robe de son client, il peut tendre les bras vers le Capitole ou invoquer la sainte Vesta et l'antique Janus, dont les temples se dressent aux avenues du forum. Il peut aussi (l'espace le lui permet) appeler au secours de ses arguments toutes les ressources de la mise en scène : trophées conquis sur l'ennemi, vieillards suppliants, enfants éplorés, armées de clients en deuil, tout ce qui frappe les yeux, tout ce dont la vue émeut la chair et le sang, et arrache des sanglots à la multitude. Manlius étale sur la place les dépouilles de trente ennemis qu'il a tués de sa main, et quarante récompenses militaires : il montre au peuple huit citoyens qu'il a arrachés à la mort dans les combats, et quatre cents malheureux qu'il a sauvés, en payant leurs dettes, de la confiscation et de l'emprisonnement. Il se tourne vers ce Capitole qu'il a défendu; il prend Jupiter à témoin de l'injustice qu'on lui fait; il jette un tel trouble dans les âmes que les patriciens sont obligés, pour obtenir la sentence de condamnation, de transporter ailleurs le tribunal, et de dérober aux juges la vue du temple qui leur rappelle la gloire de l'accusé.

Un brave paysan avait, dans la campagne romaine, une propriété d'un bon rapport, sur laquelle il vivait, lui et les siens, fort à son aise. Ses voisins, jaloux de sa prospérité, l'accusent de sorcellerie. « — Il a recours, disent-ils, à des maléfices pour nous ruiner et faire passer la fécondité de nos champs dans les siens. » Au jour de l'audience, le fermier se présente au forum avec tout son attirail de labour, charrue, herses, bêches, hoyaux, bien entretenus, bien reluisants ; un chariot traîné par deux forts bœufs, et sur l'attelage, portée comme en triomphe, la famille du laboureur, de beaux et solides garçons, la fermière et ses filles, mains calleuses, teint brûlé, forte lignée de paysans. — « Regardez, citoyens, dit l'homme au peuple, voilà ma magie, voilà mes sortiléges. » Je demande s'il y a des discours qui vaillent cette éloquence des faits.

Rien de plus décent et de plus régulier que le cours des débats dans nos enceintes judiciaires, où *toutes marques d'approbation et de désapprobation sont formellement interdites*. Protégé par la majesté du tribunal et par le pouvoir discrétionnaire du président, l'avocat peut dérouler paisiblement le fil de ses déductions, au milieu du silence recueilli de l'assistance. Mais si cette sécurité est favorable à sa mémoire, elle ne l'est pas autant à son inspiration. L'éloquence a besoin de plus de mouvement : il lui faut l'imprévu qui inspire, l'interruption qui aiguillonne, la lutte qui échauffe. C'est au choc des passions de la place publique qu'elle allume toutes ses foudres et lance tous ses éclairs.

Sur ce vaste forum romain, les discours n'étaient pas, comme chez nous, des monologues brillants, mais de véritables dialogues, où la foule répondait aux traits de l'orateur par son rire, ses larmes, ses murmures et ses applaudissements. Et puis du courant même de la rue, dont les flots agités venaient battre, pour ainsi dire, le pied du tribunal, que d'incidents devaient sortir! que de circonstances inattendues! que de coups de théâtre! et aussi que d'apostrophes soudaines! que d'invectives passionnées! que de prosopopées touchantes!

Un jour l'orateur Crassus défendait un citoyen accusé par un certain Brutus, quand, au milieu de son plaidoyer, vint à passer sur la place le convoi funèbre de Junia, tante de l'accusateur. L'avocat s'empare de cette circonstance, et, penché sur la tribune, écrasant son adversaire du regard et du geste, d'une voix rapide et tonnante :

« — Que fais-tu là immobile sur ton siége, Brutus? Tu vois cette morte vénérée; que veux-tu qu'elle dise à ton père? et à ces grands hommes dont tu vois passer les images? et à tous tes ancêtres? et à ce Brutus qui chassa les rois et donna la liberté aux Romains? que leur dira-t-elle de toi? de tes actes, de ta gloire et de tes vertus? Dira-t-elle que tu travailles à accroître ta fortune? Ce n'est guère là le fait d'un patricien, mais passons : il ne te reste rien, tu as mangé tout ton patrimoine. Que tu cultives le droit? Ton père t'en a donné l'exemple; mais hélas! il faudra bien qu'elle lui avoue que, réduit à vendre ta maison et ton mobilier, tu n'as pas même su sauver des mains des créanciers sa chaise de magistrat. L'art militaire? tu n'as jamais vu la fumée d'un camp. L'éloquence? tu n'en as pas l'ombre : ton peu de voix et de faconde, tu le prostitues dans ce honteux métier de calomniateur. Et tu as le front de paraître à la lumière! tu oses regarder ces juges, te montrer ici au forum, dans la ville, aux yeux de tes concitoyens! Et tu ne frémis pas à la vue de cette morte et des images mêmes de tes ancêtres!... »

Je ne crois pas que dans nos annales judiciaires on trouve rien de semblable à ce magnifique mouvement. Non pas que nous n'ayons eu et que nous n'ayons encore des avocats aussi bien doués que Crassus : mais les conditions de l'éloquence sont changées. L'aigle en cage a les ailes aussi vastes que l'aigle en liberté : ce n'est pas la puissance qui lui manque, c'est le libre essor et l'espace infini.

III

LES PRÉDÉCESSEURS DE CICÉRON

Vous voyez maintenant pourquoi je n'ai pas cherché à Rome l'idéal de l'éloquence politique. C'est que dans les assemblées délibérantes, où s'agitent des intérêts généraux, la palme est à celui qui sait prouver qu'il a raison; tandis que devant les tribunaux, où la vie et la fortune des particuliers sont en question, le succès appartient à celui qui fait le mieux jouer les ressorts des passions. L'argumentation est donc le nerf du discours politique, et la passion l'âme du plaidoyer. Et cependant, chose curieuse et qui montre combien sont variables les conditions de l'éloquence, les Grecs et les Latins semblent avoir confondu ces deux genres si différents. En Grèce, c'est le raisonnement qui domine au barreau comme à la tribune; à Rome, c'est le pathétique. Qu'il s'agisse de défendre sa vie ou son opinion, de faire punir un coupable ou condamner un rival politique, les moyens sont les mêmes dans les deux pays. On dirait que les Grecs ont appliqué au barreau les procédés de la tribune, et les Romains ceux du barreau à la tribune. Rome est le vrai théâtre de l'éloquence judiciaire, comme Athènes est celui de l'éloquence politique.

Comment se fait-il cependant que le genre délibératif ait fleuri à Rome longtemps avant le genre judiciaire? C'est que la tribune peut se passer des règles oratoires plus facilement que le barreau. En effet, il n'en est pas d'un tribunal appelé à prononcer sur une cause qui lui est étrangère comme d'un peuple réuni pour délibérer sur ses propres intérêts. Si l'avocat a besoin de toutes les ressources de l'art pour donner les couleurs de la vraisemblance à une cause douteuse, le simple langage du bon sens, soutenu par la dignité du caractère et par la chaleur de la conviction, suffit souvent, dans les grandes occasions, pour ouvrir les yeux de la foule à l'évidence. Qu'un Camille, qu'un Appius Claudius, qu'un Régulus, qu'un Caton laissent tomber quelques paroles émues de leur bouche respectée, le peuple, pressé d'émigrer à Véies, rentre dans ses sept collines, le sénat vote la guerre à outrance contre Pyrrhus, renonce au rachat des captifs, décrète l'entière destruction de Carthage : — « Allons remercier les dieux de nous avoir donné la victoire sur Annibal, » dit Scipion l'Africain, et cette boutade d'un grand homme l'emporte sur l'éloquence du tribun qui l'accuse. Le peuple suit au temple l'illustre aristocrate, et, en le dispensant de rendre ses comptes, semble le mettre au-dessus des lois. Tite-Live nous a gâté nos vieux Romains en embellissant leurs discours : il a, comme dit Montesquieu, jeté trop de fleurs sur ces colosses de l'antiquité. J'imagine que les Fabricius, les Papirius Cursor, les Dentatus, les Fabius, ces fiers ouvriers de la conquête de l'Italie, ne connaissaient guère les artifices de la rhétorique ni les périodes arrondies. Alors on vivait plus aux champs et aux camps qu'à la ville; on bornait sa science à l'étude des douze tables, sa philosophie à l'observation des coutumes des ancêtres, sa morale aux devoirs du soldat et du citoyen. On donnait des consultations à ses clients; on exposait brièvement son avis au sénat; on discutait au forum quelque point de droit; on rabrouait sévèrement à la tribune les tribuns insolents ou le peuple mutiné. Dans cet exercice journalier de la parole, on trouvait bien parfois de grands traits d'éloquence, mais sans les chercher. Jamais il ne venait à l'esprit de personne de demander : Comment a-t-il dit? mais : Qu'a-t-il dit? A-t-il eu raison ? A-t-il persuadé ? Telle fut l'éloquence des Céthégus, des Africain, des

Papirius, des Caton, éloquence grave, simple, pratique, la seule peut-être qui soit digne d'un peuple libre. Ce n'est pas un philosophe ce Fabricius, qui montre aux Samnites ses oreilles, ses yeux, son nez, sa bouche, son gosier, son ventre, et qui leur dit : — « Tant que je tiendrai tout cela en bride, je n'aurai besoin de rien. Reportez votre or à ceux qui ne peuvent s'en passer. » — Diogène le cynique lui eût envié cette pantomime. Il avait respiré dans Rome dès sa naissance la vertu que l'autre, au milieu de la corruption grecque, avait puisée dans la spéculation. Il ne raisonnait pas le désintéressement, il faisait mieux, il le pratiquait. De même les orateurs de la vieille Rome s'étaient formés à la seule école de la vie publique et de l'expérience : ils étaient éloquents comme Fabricius était vertueux, sans le savoir.

En l'an 161, les rhéteurs grecs apportèrent dans Rome leurs cahiers et leurs méthodes. C'était venir trop tôt. Un vigoureux décret leur enjoignit de vider en quelques jours la ville et l'Italie. Il me semble entendre le vieux Caton tonner contre ces nouveaux docteurs : — « Que venez-vous faire ici, langues dorées et trompeuses? Qui vous a permis de venir répandre chez nous le poison de la dispute et de la mauvaise foi? Tout votre art prétendu n'est que charlatanisme et fourberie. Sous prétexte d'instruire notre jeunesse, vous la corrompez en lui apprenant à mentir. Allez, Rome n'a pas besoin de beaux avocats et de phrases élégantes, mais de braves soldats et de lois sages et utiles. Nos pères préféraient le soleil du champ de Mars à l'ombre des écoles, et faisaient plus de cas d'un bon fermier que d'un habile discoureur. Ils ignoraient la rhétorique et mettaient le bien faire audessus du bien parler; mais en revanche ils savaient frapper l'ennemi, défendre leurs enseignes, obéir aux lois. C'est avec cette science qu'ils ont agrandi la République : avec la vôtre, nos enfants l'auraient bientôt ruinée. Donc remportez vos discours, retournez dans votre Grèce que vous n'auriez pas dû quitter. Là vous trouverez des paresseux pour vous écouter et des dupes pour vous applaudir. »

Les rhéteurs ne tardèrent pas à revenir : la loi les bannissait, mais les mœurs les rappelaient. Malgré les murmures des anciens, la jeunesse se porta en foule à leurs leçons, et l'éloquence, qui n'avait été jusque-là *qu'une prudence de manier affaires, et un bon sens et jugement en matière d'estat et gouvernement,* devint un art, et le plus honoré et le plus fructueux de tous les arts. De grands orateurs illustrèrent le barreau romain, où n'avaient encore paru que des légistes : Galba, Lélius, Scipion Emilien, Carbon, les deux Gracques, Scaurus, Crassus, Antoine, Philippe, Hortensius, et enfin Cicéron, qui les éclipsa tous.

IV

CICÉRON

Il naquit dans des circonstances malheureuses pour la République, heureuses pour son génie. Car si les autres arts ont besoin pour fleurir du calme et de la paix, l'éloquence au contraire semble se plaire au milieu des troubles, comme l'aigle dans la tempête.

Son père lui donna une excellente éducation. Il lui fit d'abord apprendre la langue grecque, sans laquelle il n'y avait pas à Rome d'instruction libérale. Tous les hommes distingués qui vinrent dans cette ville, depuis le consulat de Scévola jusqu'à la fin de la dictature de Sylla, furent ses maîtres : Phédrus, dont il fait tant d'éloges dans sa correspondance, Philon l'académicien; Molon le rhéteur,

Diodote le géomètre, qui lui enseigna la dialectique.

Comparez cette éducation avec celle que reçut Démosthène, et vous verrez la différence des temps et des pays. Citoyen d'une municipalité qui n'a avec les autres peuples que des rapports de commerce ou de guerre, l'Athénien concentre toutes ses facultés dans l'étude des mœurs et des institutions de sa patrie. Il apprend la politique avec Thucydide, la philosophie avec Platon, et achève de se former dans le maniement des affaires. Cicéron, né au sein d'une république qui a pris pour tâche d'administrer le monde après l'avoir soumis, devra embrasser dans son intelligence tout ce qu'embrasse le peuple romain dans sa domination. S'il n'était destiné qu'à défendre la cause du sénat et les intérêts des citoyens, il lui suffirait de lire les annales de Rome, les traités des jurisconsultes et les livres des augures et des pontifes. Mais, appelé à être un jour le patron des peuples alliés et à avoir des provinces entières dans sa clientèle, il faut qu'il se prépare à ce grand rôle en apprenant la langue des vaincus, leur histoire, leur philosophie, leurs mœurs, leurs arts, leurs droits, leur situation politique dans le grand corps dont ils sont devenus les membres par la conquête. Il faut que toutes les sciences connues de son temps viennent alimenter, comme autant de canaux, le fleuve de son éloquence.

Les circonstances secondent heureusement sa merveilleuse activité d'esprit et sa curiosité insatiable. A l'âge où l'esprit, ouvert à toutes les impressions, reçoit tout et retient tout, il est obligé de quitter Rome, où une première cause gagnée l'a rendu trop fameux. Il a déplu à Sylla : il faut qu'il se fasse oublier du terrible dictateur : il y va de son salut. Cicéron s'exile volontairement. Il visite Athènes, la cité mère de l'éloquence, et se met à l'école des rhéteurs qui l'enseignent. De là il passe en

Asie, retrouve à Rhodes Apollonius Molon, son ancien maître, qui lui prédit ses grandes destinées. Il apprend dans ce voyage l'astronomie, la géométrie, la théogonie hellénique, le droit athénien, toutes les lois de la Grèce. Diodote lui enseigne la philosophie de Pythagore, Philon et Clitomaque, la morale des stoïciens. Antiochus, qui s'est élevé contre la nouvelle Académie, lui donne les préceptes de l'ancienne; Zénon et Phédrus l'initient à la doctrine d'Epicure.

Le voilà armé de toutes pièces pour soutenir dignement les luttes oratoires. Je me trompe : la nature, si prodigue pour lui de ses dons, lui en a refusé un, l'énergie du caractère. Elle a mollement trempé cette âme si belle et si richement ornée. Cicéron eut deux beaux moments dans sa vie politique, sa lutte contre Catilina, sa lutte plus courageuse encore contre Antoine. Le reste de sa carrière n'offre que faiblesse et indécision. Il résiste bravement à la démagogie, et, vaincu par elle, ne sait pas supporter son exil. Il exalte Pompée, dont il se méfie : il applaudit à la prise d'armes de Pharsale, et n'apporte au camp des républicains que le doute, les critiques et le découragement. Il célèbre pompeusement la magnanimité de César vainqueur, se vante d'être son ami, et reçoit avec des transports de joie la nouvelle de sa mort. Il reproche aux meurtriers du dictateur d'avoir épargné Antoine (1), et s'obstine à choyer le jeune Octave, qui tuera la république sans remède. Enfin il prolonge, par une fuite inutile, sa douloureuse agonie, et ne retrouve un peu de fermeté romaine qu'à son dernier moment.

Démosthène n'avait pas plus de génie que lui, et à coup sûr moins de désintéressement. La scandaleuse affaire d'Harpalos prouva que s'il était inexpugnable à l'or

---

(1) « Si j'avais été invité au repas des Ides, je n'aurais pas laissé de restes. »

de Philippe, il ne l'était pas toujours à celui des Perses. Et cependant tel est l'ascendant du caractère sur les foules, que, malgré cette tare, la faveur des Athéniens s'attacha à ce ferme champion de la liberté avec une constance invincible.

Cicéron n'eut que des lueurs de popularité passagère. Sa faiblesse, trop connue, ôtait toute confiance au peuple : sa vanité indisposait ses amis ou les affligeait. Il aurait pu devenir l'âme de la république : il ne sut pas même être le chef de son parti.

Ces deux hommes sont un grand exemple de l'influence que le caractère exerce sur le talent. Les discours de Cicéron sont de belles pièces d'éloquence, mais ne sont pas, comme ceux de Démosthène, des actes. Il aime son pays et la liberté, mais il aime aussi sa réputation. Il ne s'oublie pas quand il parle, comme fait l'Athénien. Il aime à paraître, à se mettre en scène, tantôt pour attendrir le public sur son sort, tantôt pour s'excuser avec une feinte modestie de son peu d'éloquence. Chez lui l'artiste perce toujours sous l'homme d'État. Il frappe de grands coups, mais il veut qu'on admire la grâce aisée avec laquelle il les porte. C'est peu pour lui de vaincre, s'il ne fait applaudir sa victoire.

Ses élans les plus passionnés ne dérangent ni l'harmonie de ses constructions ni la chute élégante de ses périodes. Ses fureurs sont savantes, et son pathétique cadencé.

Démosthène, tempérament âpre et bilieux, n'a pas la même souplesse. Son éloquence est forte, mais un peu raide d'attitude. On sent quelquefois de la sécheresse dans sa concision. Il a plutôt les muscles du lutteur qu'il n'en a les mouvements rhythmiques. Mais aussi quelle chaleur vraie! quelle préoccupation constante de son sujet! quel sens pratique! quel torrent de conviction!

Démosthène est un orateur politique, et

Cicéron un avocat, mais le plus admirable des avocats.

V

CICÉRON AVOCAT

Ce n'est pas qu'il n'ait quelques-unes des grandes parties de l'éloquence de la tribune. Ses Philippiques sont l'œuvre d'un grand esprit et d'un citoyen courageux. Elles respirent la haine de la tyrannie et l'amour de la justice : mais elles ne concluent pas, elles ne vont pas au but, et, pour vaincre un homme qui commande à des légions, il faut autre chose qu'un bruit harmonieux de paroles. Il y a dans les Catilinaires d'admirables mouvements : c'est par endroits une fougue, une passion, une élévation de pensée qui rappellent les plus belles inspirations de Démosthène.

Mais trop souvent ces harangues sentent le plaidoyer. L'orateur se complaît dans les développements, s'étale dans les lieux communs, multiplie les invectives, abonde en péroraisons pathétiques, comme s'il avait des juges à passionner et non des citoyens à convaincre. Il prend Catilina à partie comme ses adversaires en justice, il défend la République du même ton que ses clients. Quand il s'agit d'arracher au Sénat un arrêt de mort contre les complices du conspirateur, il s'attendrit, il parle avec émotion de ses dangers, de l'anxiété de sa famille, de la désolation des bons citoyens. Son discours est beau, mais ce n'est pas avec des larmes qu'on obtient des décrets. Le Sénat reste indécis et comme paralysé par l'éloquence habile de César, jusqu'à ce que Caton se lève : — « Voulez-vous conserver vos biens, vos maisons, vos statues, vos tableaux, votre vie et vos plaisirs que vous aimez plus encore que la vie, prenez une résolution

énergique. Demain il sera trop tard. Quand la ville est prise, il n'y a plus de recours aux tribunaux. Ceux que vous tenez en prison se sont déclarés les ennemis de la République, traitez-les en ennemis. Si vous les épargnez, vous êtes perdus. »
— Voilà le langage ferme d'un homme d'État.

Mais si l'orateur politique prête le flanc aux critiques, l'avocat est au-dessus des éloges. C'est une adresse, un esprit, une chaleur, une abondance, une sensibilité qui épuisent toutes les formes de l'admiration. Jamais l'art n'a été porté plus loin. Il a une intuition merveilleuse pour deviner les dispositions de son auditoire, un tact exquis pour ménager ses susceptibilités, un art infini pour gagner sa bienveillance. Il le flatte, il l'intéresse à son client, il le prend par l'amour-propre, par la pitié, par la crainte, par tous les sentiments.

Ainsi, dans le procès de Milon, il commence par rassurer ses juges : — Ces soldats en armes que Pompée a placés aux abords du forum sont là pour les protéger, et non pour leur forcer la main. — Dans le procès de Verrès, au contraire, il les intimide en leur montrant l'opinion publique prête à casser leur arrêt, s'il n'est pas conforme à la justice. Tantôt, selon les besoins de la défense, la cause qu'il va plaider est la plus importante, la plus grave qui ait jamais été plaidée devant les tribunaux; tantôt elle est si simple, qu'il s'étonne qu'elle ait pu occuper l'attention publique. A-t-il à défendre des clients suspects ou condamnés d'avance, comme Rabirius Posthumus et Ligarius, ou bien il fait semblant de leur donner tort, jusqu'à ce qu'il ait retourné l'esprit des juges en leur faveur par cette apparente sincérité; ou bien il reconnaît leur faute, et se sert de cet aveu comme d'une arme contre l'accusateur.

Il n'est pas moins redoutable dans l'attaque qu'habile dans la défense. Enjoué comme un Italien, spirituel comme un Français (Cicéron est peut-être le seul Romain qui ait eu ce qu'on appelle en France de l'esprit), il écrase ses adversaires de railleries accablantes comme des raisons.— Voici maintenant l'armée d'élite de Catilina, ses enfants de prédilection, ceux qu'il a bercés dans ses bras et nourris dans son sein. Les voyez-vous ces beaux garçons, bien peignés, bien parfumés; les uns n'ayant pas encore de barbe au menton, les autres la portant si belle : les voyez-vous traînant leurs longues manches et leurs tuniques flottantes, et n'ayant pour toges que des voiles transparents ? Eh bien! cela n'a d'autre métier, d'autre occupation dans ce monde que de passer la nuit à table. Cela forme un admirable groupe composé de tout ce qu'il y a dans Rome de joueurs, de libertins, d'impurs, de débauchés. A voir ces élégants, si jolis, si aimables, si mignons, vous croyez peut-être que cela ne sait que chanter, danser, faire la cour aux dames : détrompez-vous, cela sait aussi manier le poignard et verser le poison. Eh bien ! moi, je vous le dis, si on ne les chasse pas, si on n'en détruit pas l'engeance, nous aurons ici un jour une belle pépinière de petits Catilinas (1).

Tableaux satiriques, portraits chargés, saillies imprévues, réparties piquantes, cruelles invectives, insinuations meurtrières, allusions fines sortent en foule de cet esprit charmant, comme les flèches de l'inépuisable carquois d'Apollon. Du forum ses bons mots redoutés se répandent dans toute la ville et livrent ses ennemis à la risée du peuple. Les contemporains les ont recueillis, et, quand ces témoignages nous manqueraient, Verrès odieux et bafoué, Verrès encore aujourd'hui saignant de ses blessures, suffirait pour attester la puissante faculté ironique du grand avocat.

Habileté, enjouement, esprit, — qua-

(1) Deuxième Catilinaire.

lités secondaires. — Le nerf du plaidoyer c'est l'abondance des preuves et la force du pathétique. Milon a tué Clodius, le fait est avéré. Ligarius a porté les armes contre César, lui-même ne s'en défend pas. Lisez les plaidoyers de Cicéron pour ces deux accusés; lisez-les, non pour en admirer les grands effets de style, mais pour voir comment on tire d'une cause tous les moyens qu'elle renferme. Pesez une à une toutes les raisons que donne l'orateur, voyez comme il les enchaîne dans un ordre logique, comme il les fortifie en les appuyant de preuves secondaires, comme il les fait valoir par le développement. Et quand vos doutes seront dissipés, vos objections réduites à néant, quand vous vous sentirez inondés de lumière et d'évidence, quand votre esprit jouira de la possession pleine et entière de la vérité surabondamment démontrée, ne dites pas encore que Cicéron est le plus puissant des avocats; réservez votre jugement, attendez qu'il ait ouvert en vous les sources de la sensibilité et que, déjà maître de votre esprit, il ait achevé votre conquête en s'emparant de votre cœur. Alors seulement vous connaîtrez l'orateur dans toute l'expansion de ses riches facultés.

Je ferais volontiers ce travail avec vous, et je crois que nous y trouverions plaisir et profit. Mais d'abord il a été fait : les analyses abondent, et les études, et les dissertations, et les éloges. Et puis quelles réflexions vaudraient comme charme et comme utilité celles qu'une lecture attentive vous amènera à faire vous-mêmes !

D'ailleurs le maître nous a révélé les secrets de son art. Vous savez sans doute que, dans sa vieillesse, las des agitations politiques et retiré sous ses ombrages de Tusculum, comme un vieux soldat qui raconte ses campagnes, il a recueilli les souvenirs de ses luttes oratoires. On peut dire que les pages qu'il nous a laissées sur ce sujet sont les mémoires de l'éloquence.

Nous allons lire ensemble ces belles pages, et, si nous sommes assez heureux pour en bien comprendre le sens et la portée, non-seulement nous connaîtrons l'auteur, mais nous saurons de la rhétorique tout ce qu'il nous importe d'en savoir.

TROISIÈME PARTIE

LA RHÉTORIQUE

I

LES SOPHISTES

Tandis que l'éloquence, comme un arbre vigoureux, se développait spontanément sous le ciel libre de la Grèce, des philosophes en recherchaient les lois et essayaient de la réduire en art. Voici à peu près comment ils raisonnaient : — Toutes les idées nous viennent des sens, c'est-à-dire du monde extérieur. Mais du monde, nous ne percevons que les phénomènes, et nos jugements ne sont que l'affirmation des rapports qui existent entre eux. Or ces rapports sont multiples, changeants et passagers comme la matière elle-même qui est dans un écoulement perpétuel. Donc rien de permanent autour de nous, mais aussi rien de permanent en nous. Non-seulement les choses se déplacent sans cesse, mais encore le point de vue d'où nous les envisageons. Chaque instant qui passe modifie et l'observateur et les objets observés et les rapports entre ces objets. Le rapport que j'ai saisi n'existe plus au moment où je veux l'exprimer, et, quand je l'exprime, j'ai déjà cessé d'être celui que j'étais quand je l'ai saisi. Un homme qui est en bateau voit marcher le rivage et les arbres ; un homme qui est sur le rivage voit marcher le bateau. Lequel des deux se trompe ? Aucun. Le mouvement n'est réel que dans l'impression des observateurs : changez leurs rôles, vous changez l'impression. Il résulte de là qu'il est impossible d'asseoir sur rien un jugement solide, que l'homme est la mesure de toutes choses, qu'il n'y a pas plus de passage et de relations possibles de l'*être* au *connaître* que d'analogie et de représentation possibles de la pensée à la parole; en un mot, que tout est vrai et que tout est faux.

Des rhéteurs, venus pour la plupart de la Sicile, appliquèrent à l'éloquence ces beaux principes, et voici comment ils parlèrent aux Athéniens : — Vous avez regardé jusqu'ici l'éloquence comme l'art de persuader ce qui est juste et utile, et vous avez eu tort. Car comment distinguerez-vous ce qui est juste et utile d'avec ce qui ne l'est pas, s'il n'y a rien de vrai et si les choses ne sont que ce qu'elles nous paraissent? L'éloquence n'intéresse donc en rien ceux à qui elle s'adresse, mais seulement ceux qui l'enseignent et surtout ceux qui l'exercent. En effet, elle peut les enrichir et leur donner du crédit. C'est là son but et son utilité. Il faut donc étudier l'éloquence, non pas pour éclairer les peuples sur leurs véritables intérêts, dont eux-mêmes ne se soucient guère, mais pour obtenir d'eux des richesses et des honneurs, dont les orateurs se soucient beaucoup. Or le plus sûr moyen d'y parvenir, c'est de leur plaire. Mais comment leur plaire, sans flatter leurs passions ? Et comment savoir flatter leurs passions, si l'on n'apprend la Rhétorique, qui est l'art de s'insinuer dans les cœurs en charmant les oreilles ? Cet art, nous le possédons, nous en savons tous les secrets. Nous vous enseignerons, pour de l'argent, à plaider avec un égal succès le pour et le contre. De même qu'avec le secours de l'escrime le plus lâche des hommes peut facilement venir à bout du plus brave, de même avec la Rhétorique, que nous professons, l'erreur peut sous elle tuer la vérité. L'éloquence est devenue entre nos mains une véritable escrime, dont les leçons permettent à l'élève de vaincre son propre maître. Point de coups imprévus et mortels que nous n'apprenions à porter et à parer; point de feintes qui nous soient inconnues. Que de ressources nouvelles nous vous apportons, ô Athéniens, et que nous allons vous rendre heureux! Nous avons des exordes pour toutes les circonstances, exordes par insinuation, exordes *ex abrupto*, exordes tirés du discours de l'adversaire, de la nature de la cause, du caractère de l'auditoire, de la condition des personnes intéressées à la cause. Qu'est-ce que parler, sinon développer? Et qu'est-ce que développer, sinon tirer d'une idée générale tout ce qu'elle contient? Nous avons trié entre les idées générales celles qui sont propres à l'amplification oratoire et nous les avons appelées *lieux communs*. Nous avons énuméré les principaux lieux communs utiles à l'orateur; nous avons fait plus, nous les avons classés, étiquetés, numérotés, mis dans des cases d'où il pourra successivement les tirer pour les besoins de sa cause. Quand vous parlez, où cherchez-vous vos preuves, Athéniens ? Dans les circonstances du sujet que vous traitez. Et si elles ne vous en offrent point, ô simples et naïfs orateurs que vous êtes ! Et si l'adversaire les a devinées, s'il en a déjà la réfutation toute prête, comment persuaderez-vous vos juges ? Avouez que vous en êtes encore à l'enfance de l'art, et ne rougissez pas de venir, comme de grands écoliers, vous asseoir sur les bancs. Nous savons d'autres preuves plus nombreuses, plus imprévues et plus irréfutables par conséquent, que nous appelons artificielles, parce que nous les tirons de notre propre fonds, et que nous en sommes les créateurs et, pour ainsi dire, les artistes. Nous vous les enseignerons en détail, ainsi que l'art de les présenter, de les grouper et de les faire valoir. L'âme humaine est une lyre, dont les cordes sont les passions : la parole est l'archet qui les fait vibrer. Nous qui avons compté toutes ces cordes et noté tous leurs tons, nous ferons de vous, ô

Athéniens, si vous voulez nous entendre, des musiciens habiles à parcourir toute la gamme des sentiments. La terreur, la pitié, la haine, la colère, le mépris, la douleur, la joie, l'espérance, tout un monde d'harmonies, qui dorment au fond des cœurs mortels, s'éveillera au rhythme savant de vos paroles cadencées. Vous serez les maîtres des passions. On dit qu'Orphée apprivoisait les bêtes par ses chants. Le peuple, cette bête féroce, si redouté des orateurs, vos devanciers, qui souvent se jetait sur eux et les mettait en pièces, dompté désormais par la musique de votre éloquence, n'aura plus pour vous que des caresses, et si par moments ses appétits sanguinaires se réveillent, eh bien! vous leur jetterez vos ennemis en pâture.

Les principaux docteurs qui enseignaient ces nouvelles doctrines étaient Protagoras d'Abdère, Prodicus de Céos, Tisias le Sicilien, Gorgias de Leontium. Elles étonnèrent d'abord les Athéniens :

car ce qu'on nommoit alors sagesse n'estoit autre chose qu'une prudence de manier affaires et un bon sens et jugement en matière d'Etat et gouvernement, laquelle profession, ayant commencé à Solon, avoit continué de main en main comme une secte de philosophie.

Mais des esprits subtils comme les Athéniens ne pouvaient rester insensibles à des leçons aussi séduisantes. Les sophistes trouvèrent des disciples qui les égalèrent et qui bientôt même les surpassèrent.

II

SOCRATE

Ils trouvèrent aussi des ennemis, Socrate leur fit une guerre acharnée. Ce terrible dialecticien s'en allait les provoquer partout où il pouvait les rencontrer, dans les rues, sous les portiques, dans les promenades publiques. C'était plaisir de le voir lutter avec eux de souplesse et de subtilité, et les prendre aux piéges de leurs propres arguments. Par ses interrogations pressantes, il leur ôtait la ressource de leurs lieux communs et de leurs développements oratoires, et, après les avoir ainsi désarmés, les livrait, percés des traits de son ironie, à la risée des jeunes gens dont il marchait toujours entouré. Il appelait leur art une routine; il le comparait à une cuisine, où l'on élabore savamment des mets fins qui excitent l'appétit des hommes, mais qui leur font perdre la santé. Il le comparait encore à une boutique de parfumerie où l'on vend dans des fioles le teint de la jeunesse et le vermillon de l'embonpoint. Puis il opposait à leurs procédés les vrais principes de l'éloquence. — L'éloquence, disait-il, ne mérite le nom d'art qu'autant qu'elle est utile, et elle n'est utile qu'autant qu'elle contribue à rendre les hommes meilleurs. Excellente définition qui a inspiré à Fénelon ces paroles que je vous recommande comme les plus belles peut-être qui soient sorties de son âme divine : — « L'orateur ne doit se servir de la parole que pour la pensée, et de la pensée que pour la vérité et la vertu. »

Mais où Socrate sortait de la mesure, où il exagérait son principe, où il tombait dans les subtilités qu'il reprochait aux sophistes, c'est quand il prétendait qu'il n'y a que le philosophe qui puisse être orateur, attendu qu'il n'y a que lui qui, connaissant les hommes, soit capable de savoir ce qui leur est utile ou nuisible. A ce compte, ni Thémistocle, ni Périclès n'avaient été orateurs; et, en effet, il ne craignait pas de leur refuser ce titre. — Car, disait-il, à quoi ont songé ces hommes d'État? A rendre meilleurs leurs concitoyens? Non, mais à leur creuser des ports, à leur bâtir des murailles, à leur faire remporter des victoires sur leurs ennemis. Ils ont été leurs corrupteurs au lieu d'être leurs médecins. — Il allait plus loin encore : — Si vous avez commis une faute, disait-il, ne cherchez pas un avocat pour vous défendre, attendez votre châtiment, courez même au-devant de l'expiation. Si c'est votre ami qui s'est rendu coupable, ne le défendez pas, livrez-le, dans son intérêt, à la vindicte des lois. Si c'est votre ennemi, employez pour le justifier toutes les ressources de votre éloquence et tout le crédit de vos amis. En le forçant à vivre coupable, vous le forcerez à vivre malheureux. Vous vous vengerez de lui, en le sauvant, plus qu'en l'abandonnant au supplice. — Étendons ces principes à la politique, pour en montrer l'exagération. — Si le peuple a commis sciemment un attentat à la justice, le devoir de son chef sera donc de l'abandonner aux conséquences de son crime, afin de le purifier par l'expiation! Et si c'est l'ennemi, au contraire, il devra lui ôter le mérite de l'expiation en le laissant prospérer et asservir ses voisins.

Où vous entraîne, ô Socrate, votre haine des rhéteurs, et votre amour de la logique? Oubliez-vous que la saine politique consiste à faire tout ce qui peut rendre un peuple heureux et puissant, sans violer la justice? L'éloquence est-elle nécessairement un fruit de la spéculation? N'a-t-on pas vu des hommes, avec du bon sens, de l'expérience et un amour désintéressé de leur pays, conduire sagement leurs concitoyens? Votre idéal conviendrait peut-être à un groupe de philosophes réunis sous les ombrages de l'Académie; mais un peuple à qui on proposerait des hommes d'État sortis de votre école vous dirait : — J'aime encore mieux périr de mon mal que des remèdes de vos médecins (1).

On ne voit pas au reste que les rhéteurs

(1) Lisez le *Phèdre* et le *Gorgias* de Platon.

aient jamais eu en Grèce une influence bien sérieuse : mais c'est moins à l'ironie de Socrate qu'il faut attribuer leur échec qu'à la force des institutions libres de la cité athénienne. Les jeunes gens allaient chercher dans leurs écoles et dans leurs cahiers des leçons qu'ils ne tardaient pas à oublier sur la place publique. La pratique journalière des affaires les dégoûtait bientôt de la déclamation et les ramenait aux conditions vraies de l'éloquence. Périclès, à la tribune, ne songeait guère aux subtilités de Protagoras; Démosthène se rappelait avec dépit le rhéteur Isée, son maître, qui, disait-il, avait pensé le gâter, et Lysias, après avoir enseigné la rhétorique jusqu'à l'âge de cinquante ans, renonçait tout à coup à son art et déclarait hautement *que l'éloquence est affaire d'expérience et non de théorie.*

III

LES TRAITÉS DE CICÉRON

Ce que n'avaient pu faire les élégants discoureurs de la Grèce avec leurs cahiers et leurs méthodes, un philosophe le fit avec ses puissantes facultés d'analyse et de généralisation. Celui qui le premier donna la vraie théorie de l'éloquence fut Aristote, l'esprit le plus vaste et le plus compréhensif de l'antiquité. Il n'eut pas, comme les rhéteurs, la prétention d'en tracer les règles infaillibles : il se moqua de leurs procédés, et, s'appliquant le vers où Homère fait dire à Philoctète *que c'est une honte de se taire et de laisser parler les barbares,* il se flatta avec raison d'avoir réduit au silence Isocrate et son école. Il établit que l'éloquence est un art pratique; il la ramena à son seul et véritable but, la persuasion. Il montra qu'on y arrive par trois moyens : l'autorité du caractère, la connaissance des dispositions de son auditoire, la manière dont on parle. Distinction que les critiques ont résumée après lui en cette formule : plaire, convaincre et toucher, et qu'il serait plus juste de résumer en celle-ci : plaire et toucher pour convaincre. Partant de ce principe que l'éloquence est une dialectique à l'usage du peuple, il passa en revue les idées principales qui règlent les jugements de la plupart des hommes et déterminent leurs résolutions. Il analysa leurs passions, non pas en peintre (le grand philosophe dédaigne cette gloire et se borne à tracer les lignes générales où d'autres promèneront leur pinceau), mais en observateur qui a creusé le cœur humain. Il dessina à grands traits les caractères du style oratoire. En un mot, il fit un livre qui n'est pas, comme on l'a dit, le code de l'éloquence, mais qui en est une admirable généralisation. Livre immortel, parce qu'il ne repose pas sur des divisions arbitraires, mais sur l'étude des lois immuables de la pensée et sur la connaissance approfondie des mouvements de la nature. En sorte que ceux qui, même aujourd'hui, veulent élever des monuments à l'art oratoire, bâtissent avec les pierres de cet édifice indestructible.

Plusieurs esprits distingués ont essayé cette grande tâche : Démétrius de Phalère, Hermogène, Denys d'Halicarnasse et Longin, chez les Grecs; Cicéron et Quintilien, chez les Romains. Mais celui de tous qui a le mieux connu son sujet et qui a traité le plus éloquemment de l'éloquence, c'est sans contredit Cicéron. Qu'un orateur, vieilli au métier, ait consacré à parler de son art les loisirs que lui laissaient la tribune et le barreau, c'est déjà pour nous une rare fortune : mais que cet orateur se soit trouvé être en même temps un philosophe, un poëte, un érudit, un des plus grands écrivains de son siècle, c'est un concours de circonstances heureuses qui ne s'est reproduit, que je sache, à aucune autre époque, et qui donne à ses Traités un prix inestimable.

Ce mot de *Traités* ne doit pas vous effrayer. La méthode de Cicéron n'a rien de didactique, rien qui sente l'école et le pédantisme : c'est la conversation d'un honnête homme qui, enthousiaste de son art, en parle avec une chaleur qui se communique. On voit, en le lisant, qu'il a hanté les ombrages de l'Académie, et appris de Platon, son maître, à sacrifier aux Grâces. En effet, non-seulement il a imité la forme de ses dialogues, mais, ce qui est plus difficile, il a dérobé au Grec son naturel, son tour aisé et la merveilleuse souplesse avec laquelle il passe sans effort du ton enjoué de la conversation familière à celui de l'éloquence la plus élevée.

Des patriciens, des hommes comme

Antoine, Crassus, Scévola, Brutus, César, Atticus et Cicéron lui-même, se réunissent sous les ombrages de Tusculum, et assis, soit dans une salle de gymnase, soit sous le couvert d'un platane, au pied de la statue de Platon, conversent des affaires de l'État. Ce sont des légistes, des orateurs, des hommes de goût, nourris aux luttes de la tribune et à la lecture des manuscrits grecs, tous hommes pratiques, la plupart ayant peu écrit, mais beaucoup parlé, beaucoup étudié et surtout beaucoup agi. (Ce qu'on appelle aujourd'hui hommes de lettres n'existait pas alors : les lettres n'étaient pas une profession, mais un délassement, une honnête distraction.) Ils parlent des agitations du forum, des événements qui occupent l'attention publique, et, par une pente insensible, arrivent à discuter de l'éloquence. La parole appartient aux plus dignes, à Crassus, par exemple, à Antoine ou à Cicéron. Ils entrent en matière, non sans s'excuser et sans protester de leur insuffisance avec une modestie d'autant plus aimable qu'elle est naturelle et sincère. Leurs propos courent d'une libre allure sur la pente de la causerie, et jamais ne dégénèrent en dissertations, rarement en monologues prolongés. Représentez-vous un de ces salons du dix-huitième siècle, où une réflexion profonde de Montesquieu, un paradoxe de Rousseau, une boutade de l'abbé Galiani venaient interrompre une improvisation de Diderot et attiser le feu de sa verve brûlante. C'est l'image de ces dialogues, avec cette différence, toutefois, que l'esprit français est un petillement, et l'esprit latin une lueur plus douce et plus égale.

Je renonce à vous rendre le charme de ces belles compositions : les traducteurs eux-mêmes y ont échoué. Je me contenterai de vous les résumer à ma manière, en vous en donnant l'esprit et la substance; heureux si j'ai pu vous engager à les lire.

IV

UTILITÉ DE LA RHÉTORIQUE

Y a-t-il un art de la parole? Non, si l'on entend par art un ensemble de connaissances dérivant de principes absolus. Que l'éloquence ait pour but de persuader, tout le monde est d'accord sur ce point; mais sur les moyens à employer pour y parvenir, il y a autant d'avis différents que d'auteurs qui ont traité cette matière. Pourquoi? Parce que ces moyens sont variables; parce qu'ils dépendent du génie de l'orateur, du caractère de son auditoire, de la nature des lois, des mœurs et des institutions; parce que, si la matière de l'éloquence est toujours la même, le moule où on la jette se renouvelle sans cesse.

Des voyageurs se sont donné rendezvous chez un ami dans une ville éloignée. Ils se séparent et prennent qui la grande route, qui les chemins de traverse; tel marche à petites journées; tel autre, plus impatient, pousse droit devant lui à travers monts et fondrières. Ils se rencontrent à la même heure aux portes de la ville et se racontent leur voyage. Chacun vante les avantages de la direction qu'il a choisie et prétend qu'elle est la meilleure. Au plus fort de la dispute arrive leur hôte qui les met d'accord en les embrassant et en leur souhaitant la bienvenue.

Si donc nous voulions faire une théorie de l'éloquence, nous ne dirions pas : Voilà la vraie méthode pour persuader; mais : Voilà les moyens que les plus grands orateurs ont employés avec succès. Il y a plaisir et profit à les connaître; mais nous ne les recommandons pas comme nécessaires : on peut réussir en suivant les maîtres, comme on peut ne pas échouer en s'écartant de leurs traces.

Les rhéteurs nous donnent des préceptes forts curieux et fort instructifs. Ils nous disent que le discours a pour objet soit une question indéfinie, sans désignation des temps ni des personnes, soit une question déterminée par la considération des temps et des personnes. Ils divisent le travail de la composition en cinq parties : trouver ses idées, les disposer dans le meilleur ordre, les orner du charme de la diction, les graver dans sa mémoire, les faire valoir par la grâce et la noblesse du débit. Ils règlent ainsi qu'il suit la marche de la discussion : se concilier d'abord son auditoire, puis exposer les faits, préciser la question, fortifier ses preuves, réfuter celles de l'adversaire, concentrer tous ses moyens dans la péroraison. Enfin ils énumèrent toutes les qualités propres à l'élocution.

Ces préceptes, dis-je, sont curieux, mais est-il bien nécessaire de les connaître pour savoir qu'avant de parler il faut avoir des idées, puis les mettre en ordre, puis les revêtir de l'expression? La nature, mieux que l'art, nous montre que cette marche est la seule possible. Interrogez un homme qui n'a jamais ouvert un livre de réthorique, il vous dira que, pour parler, il faut savoir ce qu'on veut dire et comment on le veut dire.

Encore ces divisions sont-elles justes, si elles n'ont rien de bien mystérieux. Mais est-il juste de nous donner la narration pour un élément nécessaire du discours? N'est-il pas évident qu'on peut la supprimer, qu'on doit même la supprimer, si les faits sont avérés et admis par les juges?

Distinguer la confirmation de la réfutation, n'est-ce pas prendre plaisir à surcharger l'art oratoire de divisions arbitraires? En effet, comme on ne peut réfuter les preuves contraires sans établir celles qui sont favorables, ni établir celles-ci sans réfuter les autres, ou, ce qui revient au même, comme on est forcé d'attaquer en se défendant et de se défendre en attaquant, ne s'ensuit-il pas que ces deux parties sont liées si étroitement l'une à l'autre que, si on a pu les séparer dans la théorie, il est impossible de le faire dans la pratique?

Pourquoi encore avoir établi deux genres de causes : l'un comprenant les questions générales, l'autre les questions déterminées? Car, comment ne pas voir que toutes les causes particulières peuvent se ramener à une idée générale à laquelle se rattachent tous les fils de l'argumentation? Ainsi je traite de la profusion, si l'accusé est prodigue; de la cupidité, s'il a usurpé le bien d'autrui; du respect des lois et du danger des guerres civiles, s'il est factieux; de la validité du témoignage, si les témoins sont nombreux ou suspects. Le bon sens, la réflexion, l'étude me fournissent mes développements. S'il me fallait aller les chercher dans les classifications des rhéteurs, et dans les *lieux com-*

muns qu'ils ont assignés à chaque genre de causes, ma mémoire plierait sous le fardeau. Car, la nature des faits et le caractère des personnes variant à l'infini, le dénombrement des causes serait lui-même infini, et on aurait autant de genres que d'individus différents.

Voilà pour les préceptes généraux qu'ils nous donnent. Mais si nous entrons dans le détail, que de difficultés, et comment les entendre, s'ils ne s'entendent pas eux-mêmes? Ainsi, dans l'ordre des preuves, les uns placent les plus fortes au commencement, les autres au milieu, les autres à la fin, d'autres au commencement et à la fin. Les uns veulent que la narration soit courte, les autres qu'elle soit longue. Il est vrai qu'ils s'accordent sur ce point qu'elle doit être claire et vraisemblable; mais à quelle partie du discours ne s'appliquent pas ces qualités, et où a-t-on plus besoin de clarté et de vraisemblance que dans l'enchaînement des preuves?

Que conclure de ces critiques? Que si la rhétorique a la prétention d'établir des règles applicables à toutes les causes, elle est le plus puéril et le plus vain de tous les exercices. Mais si, au lieu de s'ériger en code, elle se donne pour ce qu'elle est réellement, c'est-à-dire pour un art d'expérience, pour un résumé des pratiques les plus excellentes, alors elle devient utile; elle abonde en analyses intéressantes et en exemples instructifs; elle mûrit le jugement de l'orateur et orne sa mémoire; elle le force à comparer, à réfléchir; elle lui ouvre toutes les avenues de l'éloquence. Libre à lui de s'en frayer de nouvelles, ou de suivre les chemins battus. Mais, si indépendant que soit le génie, il ne doit pas présumer assez de ses forces pour rejeter les conseils de l'expérience.

Jamais les traités de l'art militaire n'ont formé un grand capitaine, et les vieux stratégistes routiniers, qui ont voulu appliquer méthodiquement leurs théories sur tous les champs de bataille, se sont fait souvent battre par des généraux de vingt ans. Il est vrai qu'ils ont eu la consolation d'avoir été battus selon les règles. Mais qu'un Gustave-Adolphe ou un Condé se repose de ses campagnes en lisant celles des grands hommes de guerre qui l'ont précédé, qui osera prétendre que cette étude sera stérile pour son génie?

De même, si la rhétorique ne forme pas les grands orateurs, elle entretient la vigueur de leur talent, comme le gymnase les forces de l'athlète. Les luttes de la tribune et du barreau ont, comme le duel, leurs moments de crise où les règles communes de l'attaque et de la défense deviennent inutiles : la seule règle alors consiste à suivre son inspiration, et l'art suprême à oublier l'art. Mais, dans le cours ordinaire des choses, c'est l'exercice qui l'emporte sur la fougue, et la méthode oratoire sur l'improvisation.

V

L'ORATEUR

— Ainsi, d'après vos principes, l'art ne fait que polir l'orateur, et c'est la nature qui le forme. — N'en doutez pas. — Eh bien, soit. Voilà un homme doué d'un jugement étendu, d'une riche imagination, d'une mémoire heureuse, d'une organisation délicate : l'âme d'un artiste unie à la raison d'un philosophe. A ces dons si rares il joint une oreille délicate, un sens exquis de l'harmonie, de la grâce, de l'enjouement, du trait, l'esprit de saillie, prompt à l'attaque comme à la riposte. Ce n'est pas tout : il a la physionomie, la taille, un grand air, une voix pleine et sonore. Cet homme-là, selon vous, est né orateur. — Entendons-nous.

Il est né pour être orateur, ce qui n'est pas la même chose. Car la nature, si prodigue envers lui, n'a encore fait qu'une ébauche. Il manque à votre belle statue l'expression et le mouvement. — D'accord. Je veux les lui donner : que lui conseillerai-je? — De n'avoir d'autre maître que lui-même. — Quoi ! je ne l'enverrai pas chez les rhéteurs? — Non : ils vous le gâteraient. Qu'il ait le feu sacré, c'est-à-dire une grande passion pour son art : qu'il l'étudie sans relâche; qu'il apporte à ses exercices l'ardeur et l'opiniâtreté sans lesquelles on ne fait rien de grand dans la vie. Voilà la première condition du succès et la plus indispensable. L'homme ne fait bien que ce qu'il fait avec amour. Aimer l'éloquence, c'est le commencement de l'éloquence. Les règles ne viennent qu'en second lieu. Mais de lui enseigner les exercices auxquels il doit se livrer pour arriver à la perfection, j'en serais bien empêché : ma rhétorique n'est ni assez présomp-

tueuse ni assez sûre de sa route. Elle dit :
« Essayez, travaillez : voilà ce qu'ont fait tels orateurs; telle ressource a réussi dans telles circonstances, qui dans des conditions semblables aurait peut-être le même succès. » L'exemple est un guide aveugle qui a besoin d'être guidé lui-même par l'expérience. — Mais si mon apprenti orateur vous pressait d'entrer dans des détails? — De peur de me répéter, je le renverrais à mon introduction et aux conseils de mon vieux juge. Je lui dirais encore : « Choisissez parmi nos grands orateurs celui dont le génie vous est le plus sympathique et imitez-le, mais en vous gardant bien de le copier. Lisez les plus beaux monuments de l'éloquence et de la poésie; apprenez-les par cœur; récitez-les pour vous exercer l'oreille et la mémoire; écrivez les parties principales de vos harangues : la plume est la meilleure maîtresse de la parole. Prenez une question, non pas une de ces thèses bizarres qu'on don-

nait autrefois comme exercice dans les écoles, mais une question pratique, une de celles que les passions et les intérêts des hommes ramènent tous les jours au barreau ; plaidez-en le pour et le contre ; étudiez-vous à en tirer tous les développements et à en épuiser toutes les preuves. Assistez aux luttes des tribunaux, observez les manœuvres des adversaires, érigez-vous en juge du camp. A un observateur intelligent, les fautes des maîtres sont aussi profitables que leurs victoires. Suivez sur le visage des assistants les différentes nuances des impressions que leurs paroles éveillent dans les âmes : la foule est le miroir de l'orateur. Dites-vous : « Tel effet oratoire a manqué, tel autre a réussi, » et demandez-vous pourquoi. La parole n'est qu'une note dans le concert de l'éloquence : sans le concours du geste, de l'attitude et de l'intonation, il n'y a pas d'ensemble, pas d'harmonie. Étudiez toutes ces parties. Démosthène prenait des leçons du comédien Satyros et les répétait devant un miroir. Le préjugé romain n'empêchait pas Cicéron de consulter le grand acteur Roscius. Vous pouvez, sans rougir, suivre l'exemple de ces grands hommes; mais n'oubliez pas qu'entre l'action oratoire et l'action tragique il y a des nuances, et n'allez pas transporter la scène dans le barreau. Étudiez avec soin toutes vos causes. La lecture d'un dossier ne suffit pas pour bien connaître une affaire. Le dossier c'est la procédure morte; tandis que le client c'est la cause vivante. Qui connaît mieux que lui ses intérêts? Qui est plus capable d'en parler avec chaleur! Donc ayez de fréquents entretiens avec lui, et cela sans témoins, le plus possible; car souvent un témoin est un mur entre vous et lui qui arrête au passage la vérité. Écoutez patiemment ses redites; opposez-lui les raisons de l'adversaire; mettez-le en contradiction avec lui-même; il s'échauffera, il vous répliquera, il vous donnera, sans le savoir, une répétition de l'audience. Un jour, un citoyen vint prier Démosthène de le défendre : il se plaignait d'avoir été battu. — « Vous, battu! lui dit l'orateur; non, vous vous trompez. — Comment! reprit l'autre, je n'ai pas été battu? — Non. — Qui? moi, je n'ai pas été battu? — A la bonne heure! je reconnais là le ton d'un homme qui a été battu.» Démosthène l'avait piqué à dessein pour lui arracher le récit animé de son insulte. Vous ne serez jamais un véritable orateur si vous ne vous faites une grande idée de votre profession, des qualités qu'elle exige et des devoirs qu'elle impose. Si vous voulez atteindre les sommets de cet art, ne vous contentez pas d'avoir sous les yeux les maîtres de l'éloquence : unissez à la véhémence de Démosthène l'ampleur et le coloris de Cicéron; faites mieux, ajoutez à ces dons les plus rares facultés qui vous auront frappé dans les orateurs modernes; faites mieux encore, imitez les artistes qui, les yeux fixés sur la toile ou sur le marbre, ont l'âme attachée à la contemplation d'un type dont leur main reproduit l'idéale beauté; concevez un modèle de perfection tel qu'il n'en a jamais existé de semblable. Que votre orateur ne soit pas seulement un homme disert et capable de parler agréablement sur tous les sujets; qu'au talent de la parole il joigne un savoir étendu : car la parole, sans l'instruction, c'est un archet sans instrument. Qu'il soit familier avec tout ce qui concerne la vie des peuples et les relations des particuliers : droit des gens, traités, commerce, industrie, politique, histoire, morale, lois, usages, que rien ne lui soit étranger. S'il ne peut embrasser ces connaissances dans tous leurs détails (aujourd'hui les rapports entre les hommes et les choses sont devenus si compliqués qu'il n'est pas un cerveau humain capable de les contenir toutes), qu'il en possède au moins des notions générales. Que son intelligence, nourrie de fortes études, soit comme une source d'où les développements les plus riches puissent couler avec abondance et se répandre heureusement sur les sujets les plus variés. Qu'il soit philosophe surtout : sans philosophie, point de grande éloquence. C'est la science maîtresse, celle qui contient toutes les autres. N'est-ce pas à l'école de Platon que s'inspira l'éloquence de Démosthène et de Cicéron? Cette large conception du sujet, cette puissance de raisonnement, cette noblesse de sentiments, ce sens juste et droit, toutes ces qualités supérieures par lesquelles ils s'élevèrent au-dessus des discoureurs de leur temps, autant que Platon lui-même au-dessus des sophistes, où les puisèrent-ils, sinon dans la dialectique du maître? Qu'enfin votre modèle ait *le caractère*, sans lequel la plus belle éloquence n'est qu'un bruit harmonieux. Que ses mains soient pures, ses principes inflexibles, sa vie à l'abri du soupçon; que son abord inspire à la foule le respect, la sympathie et la confiance aux juges; que sa parole ait à leurs yeux l'autorité d'un témoignage, qu'elle soit regardée par tous comme l'organe de la justice et de la vérité. Je ne vous promets pas que vous atteindrez jamais à cet idéal; mais le concevoir c'est déjà en approcher. De la médiocrité à la perfection on compte plus d'un degré honorable, et, comme dit l'Écriture, *il y a plusieurs demeures dans la maison de mon père.*

VI

IDÉE GÉNÉRALE DU DISCOURS

Nous avons esquissé l'artiste : voyons maintenant l'œuvre d'art, c'est-à-dire le discours.

L'unité est la loi de toute composition.

J'entends par unité la concordance de toutes les parties d'une œuvre avec le but qu'on se propose en y travaillant. Quand vous assistez à un drame bien conduit, vous remarquez que l'intérêt redouble de scène en scène, à mesure que les incidents sortent du caractère des personnages et du jeu des passions. Une fois l'action engagée, vous ne vous possédez plus, vous n'êtes plus à vous, vous êtes tout à la scène, aux personnages, aux événements; vous oubliez que dans le spectacle que vous avez devant les yeux tout est joué, rien n'est réel, que ces personnages sont des acteurs, que ces événements sont imaginaires, que cette forêt est de carton, que ce soleil est un lustre. Votre cœur est ému, vos larmes coulent. L'auteur est un magicien qui, d'un coup de baguette, à votre insu, vous a transporté, pour quelques heures, loin du monde connu que vous habitez dans un monde idéal que sa fantaisie a créé. Revenu à vous, vous lui savez gré de cette douce tromperie, et vous le remerciez par vos applaudissements des belles larmes qu'il vous a arrachées.

Mais s'il s'attardait en route, s'il décrivait pour le plaisir de décrire, s'il racontait pour montrer son esprit; si, las de rester dans les coulisses et pressé de paraître en scène, il mettait ses propres sentiments dans la bouche de ses personnages; s'il arrêtait complaisamment son pinceau sur toutes les lignes de son tableau pour faire éclater la richesse de son coloris, l'illusion s'évanouirait, l'action languirait, vos yeux et votre esprit s'éloigneraient de la scène; distrait, indifférent, vous lorgneriez le parterre et les loges.

L'unité du drame est donc l'intérêt. L'unité du discours, c'est la persuasion.

Pourquoi l'orateur cherche-t-il d'abord à plaire? Pour disposer l'auditoire à accepter ses raisons. Pourquoi l'émeut-il ensuite? Pour achever par la passion l'œuvre du raisonnement. L'exorde prépare les preuves, la narration et la péroraison les confirment. Si on a divisé le discours en plusieurs parties, c'est pour la commodité de l'analyse : car, à proprement parler, il n'a qu'un moyen, l'argumentation. Tout le reste n'est qu'accessoire et joue dans les conflits oratoires le rôle des troupes légères dans les batailles : elles préparent la victoire ou l'achèvent, mais c'est le corps d'armée qui la décide.

Tel ruisseau qui sans bruit s'échappait de sa source et vaguait comme hésitant et en quête de son lit, grossi par ses affluents, devient un vaste fleuve qui bat triomphant ses piliers de granit : c'est l'image du discours. Timide et faible à son début, il cherche sa pente : à peine l'a-t-il trouvée, le raisonnement s'anime, il se fortifie de ses affluents, qui sont les preuves; il devient lui aussi un fleuve qui renverse tous les obstacles et les emporte avec lui dans a mer.

Que l'orateur se présente donc avec son

sujet bien étudié et distribué en ses parties. Qu'il expose ses preuves dans l'ordre le plus logique et le plus serré, en appuyant chaque raison principale de preuves secondaires; qu'il unisse ses arguments par des transitions naturelles, fortes soudures qui ne laissent pas la moindre prise à la contradiction; qu'il concentre toutes ses preuves dans la péroraison; qu'il s'oublie surtout pour ne laisser parler que sa cause : chaque développement, dans une œuvre ainsi conçue, répandra sur l'ensemble une lumière nouvelle et ajoutera à l'évidence; les raisons, poussées l'une par l'autre, comme le flot par le flot, entreront de gré ou de force dans l'intelligence des auditeurs : l'esprit ébranlé entraînera le cœur à son tour, le triomphe de l'éloquence sera complet.

Regardez autour de vous : tout dans les œuvres de la nature semble élever la voix et vous rappeler à cette grande loi de l'unité. « Est-il rien de plus beau que le spectacle de la voûte céleste et des astres qui s'y meuvent? Vous croiriez qu'il n'y a pas un détail de ce vaste ensemble qui ne soit fait uniquement pour le plaisir des yeux; il n'en est pas un qui ne joue un rôle utile dans la machine du monde, et qui ne concoure à son salut et à sa conservation. Tel est l'ordre qui préside à ce grand tout que le moindre changement détruirait l'harmonie générale; telle en est la beauté, que l'imagination ne saurait rien concevoir de plus merveilleux. Voyez maintenant l'homme et les autres animaux, leur forme, leur structure. Pas une partie de leur corps qui ne soit un organe nécessaire, et telle est la perfection de ce mécanisme, qu'on y reconnaît une main intelligente et non pas un jeu du hasard. Et dans les arbres, ce tronc arrondi, ce dôme de branches et de verdure ne servent-ils qu'à l'ornement? Non, mais à la vie de la plante et à la perpétuité des espèces. Détachons nos yeux de la nature et voyons les arts. Quelle noble et belle chose qu'un navire avec sa carène, sa proue, sa poupe, ses antennes, ses voiles, ses mâts! Tous ces détails sont gracieux, tous sont nécessaires. Les colonnes sont faites pour soutenir les temples et les portiques : se peut-il rien de plus élégant et rien de plus utile? Le faîte du Capitole, ceux des autres édifices, ce n'est pas au goût des artistes que nous les devons, mais à la nécessité. Il fallait aviser aux moyens de faciliter l'écoulement des eaux : on en trouva un, et le dôme, en protégeant le temple, ajouta à son imposante grandeur. En sorte que si le Capitole était bâti dans le ciel, par delà la région des nuages et des pluies, découronné de son faîte superbe, il perdrait à nos yeux toute sa majesté (1). »

Appliquons cette règle au discours : Aucun ornement ne sera superflu ; le beau partout se mariera à l'utile ; et de la sa-

(1) Cicéron, *De Oratore*.

vante ordonnance de toutes les parties concourant au même but naîtra la proportion, sans laquelle il n'y a pas de véritable beauté.

VII

ANALYSE DU DISCOURS. — L'EXORDE

Entrons dans le détail de cette œuvre de persuasion, si belle dans son unité, qu'on appelle un discours.

L'exorde contient en germe toute la cause. Il présente les faits sous un jour favorable au client, défavorable à l'adversaire. Comme le prélude dans une mélodie, il ouvre l'âme aux impressions que l'ensemble du plaidoyer doit éveiller en elle. De l'entrée en matière peut dépendre la fortune d'une cause, comme d'une première chute ou d'un premier succès dépend quelquefois la destinée d'un homme.

Quelques orateurs, plus soigneux de plaire que de persuader, oublient que l'exorde n'est que la tête du discours. Ils brodent sur leur début comme sur un thème à développements; ils l'ornent, ils l'embellissent, ils y jettent toutes les fleurs de la diction, ils y épuisent tous leurs moyens et tout leur pathétique; ils font à leur discours la tête plus grosse que le corps. Après cet effort, ils sont épuisés; la source de leur éloquence est tarie, il ne leur reste plus rien à dire. Leur plaidoyer ressemble à un beau péristyle de marbre qui conduirait à un hangar.

Les gladiateurs préludaient à leurs combats par des assauts plus gracieux que meurtriers. L'orage ne s'annonce pas par les éclats de la foudre. Tous les mouvements de la nature sont gradués, et l'art, en ce point comme en tous les autres, doit être l'imitation de la nature.

C'est dans l'exorde, plus encore que dans les autres parties du discours, qu'il faut chercher les moyens d'intéresser les juges à sa cause. Or le premier de tous les moyens, le plus sûr, le plus efficace, est *le caractère,* ou, comme disent les rhétoriques, *les mœurs.* Soyez connu pour un homme probe, loyal, désintéressé, incapable de vous charger sciemment d'une mauvaise affaire, vous n'aurez pas besoin de recourir à l'art des précautions oratoires pour forcer les cœurs; ils vous seront ouverts avant même que vous ayez exposé vos raisons. Aux insinuations de votre adversaire vous pouvez opposer un silence victorieux ; votre vie répondra pour vous.

Les rhéteurs avouent que l'art ne peut remplacer le caractère, mais ils ajoutent qu'il peut le seconder. Ils recommandent à l'orateur un maintien modeste, timide et même embarrassé. « Car, disent-ils, le tribunal est flatté de ces marques d'émotion comme d'un témoignage de respect rendu à ses lumières et à son autorité; tandis qu'une assurance imperturbable lui paraît impudente et irrévérencieuse. »

La réflexion est juste. Mais le tort de la rhétorique est de gâter trop souvent les meilleures remarques en nous les donnant pour des préceptes. Ici, par exemple, que veut-elle nous apprendre? Est-ce à manifester le trouble que nous ressentons, et à nous montrer émus quand nous le sommes réellement? Conseil inutile. Autant dire à un homme affligé de paraître triste. Est-ce au contraire à jouer de sang-froid l'émotion? Conseil dangereux. Car, je vous le demande, qui serait assez effronté pour hasarder un pareil rôle devant des juges habitués à toutes les petites comédies du barreau, et qui serait assez habile pour le soutenir longtemps?

Thémis n'est pas une ingénue crédule et romanesque, c'est une douairière qui sait son monde, c'est-à-dire sa rhétorique sur le bout du doigt. Bien fin qui peut la surprendre et lui donner le change.

Je me souviens qu'enfant j'admirais

comme le *nec plus ultra* de l'éloquence judiciaire le discours que le poëte Ovide prête à Ulysse, lorsque ce héros dispute à Ajax les armes d'Achille, devant les Grecs assemblés. L'exorde surtout m'enchantait :

« O Grecs! si vos vœux et les miens avaient été remplis, l'héritier de ces armes ne serait pas incertain; tu les posséderais, Achille, et nous te posséderions encore! Mais puisqu'un sort fatal nous l'enlève à vous et à moi (en même temps il porte la main à ses yeux comme pour essuyer des larmes), qui doit jouir de l'héritage du grand Achille, si ce n'est celui qui a fait jouir les Grecs d'Achille et de sa gloire (1)? »

Tout dans ce début est conforme aux règles banales de la rhétorique : modération de l'orateur, désintéressement, piété, respect des juges, langage insinuant, et

(1) Trad. de M. Victor Leclerc.

cependant tout y est faux. Fausse est l'attitude d'Ulysse, qui affecte une modestie que ses actes démentent, puisqu'il ne revendiquerait pas les armes d'Achille s'il ne s'en jugeait le plus digne; fausse, cette invocation prématurée à l'ombre du défunt; fausses, ces larmes d'héritier qui coulent entre deux antithèses. Cet Ulysse-là n'est pas le héros d'Homère, dont nous connaissons l'esprit fin et délié, mais un rhéteur qui a fait ses études à Athènes, dans les écoles où on apprend à plaider le pour et le contre, et qui récite un de ses exercices de déclamation.

Voici un cadet de Gascogne qui n'a jamais eu d'autre école que la guerre et qui, pour son coup d'essai, va en remontrer à ce beau parleur et lui faire la leçon. C'est Montluc; envoyé par le duc d'Enghien à la cour de François Ier pour solliciter la permission de combattre à Cérisolles. Il trouve le conseil rassemblé et le roi fort indécis. La situation est critique : la France, menacée d'une double invasion au nord, a besoin de tous ses soldats; livrer bataille en Piémont, c'est jouer sur un coup de dé la fortune du royaume. Les courtisans les plus graves et les plus expérimentés penchent pour l'expectative. Mais Montluc connaît le prince et sait qu'à lui seul appartient le droit de trancher la question; aussi est-ce à lui seul qu'il s'adresse :

« Sire, lui dit-il, je me tiens bien heureux, tant de ce qu'il vous plaist que je vous die mon advis sur cette délibération, qui a esté tenue en votre conseil, que parce aussi que j'ay à parler devant un roy soldat, et non devant un roy qui n'a jamais esté en guerre. Avant qu'estre appelé à cette grande charge que Dieu vous a donnée, et depuis, vous avez autant cherché la fortune de la guerre que roy qui jamais aist esté en France, sans avoir espargné votre personne, non plus que le moindre gentil homme : doncques ne doy-je craindre, puisque j'ay à parler devant un roy roldat. »

Je doute que l'art des maîtres les plus consommés trouve un exorde plus habile et plus approprié à la circonstance. Montluc réveille les instincts belliqueux du roi; il flatte son amour-propre en lui rappelant ses exploits; en l'appelant roi soldat, il semble lui dire : « N'écoutez pas les vieilles barbes grises de votre conseil, mais vos compagnons d'armes d'Italie, qui *trépignent de combattre.* » On devine déjà que cette parole guerrière, qui retentit dans le conseil comme un bruit de clairon, l'emportera sur les raisonnements des sages et des politiques.

Conclusion. Ce n'est pas des cahiers des rhéteurs, c'est du cœur même de la cause que vous devez tirer tous vos développements. Étudiez-la attentivement, exprimez-en le suc et la substance, ou, en d'autres termes, analysez toutes les ressources qu'elle peut vous fournir : l'exorde viendra s'offrir de lui-même. Étudiez les dispositions de vos juges, la nature elle-même vous inspirera les moyens les plus propres à vous assurer leur bienveillance.

D'entrer dans l'énumération de tous les genres de causes, de multiplier les exemples, de donner des modèles d'exordes pour tous les procès, pour toutes les personnes, pour toutes les situations, c'est l'affaire des théoriciens intrépides, qui, non contents d'armer l'orateur de pied en cap, veulent le suivre sur le terrain. Notre rhétorique se borne aux principes généraux de l'éloquence et laisse à la pratique le soin des détails. Son domaine expire où commence celui de l'expérience.

VIII

ANALYSE DU DISCOURS. — LA NARRATION

Voilà le tribunal disposé à accepter vos raisons et à les trouver bonnes : c'est déjà un grand point. Mais avant qu'il puisse les apprécier, il faut qu'il connaisse les faits de la cause. L'exposition des faits s'appelle narration. La narration est le centre de la toile, le point d'où partent tous les fils de l'argumentation. Il en est d'un orateur à qui l'on démontre la fausseté des faits qu'il allègue comme d'un dialecticien qu'on chicane sur ses prémisses.

N'oublions pas que la narration n'est, comme l'exorde, qu'un affluent du discours, ou, pour parler sans figure, un élément de la persuasion. Les débutants, plus soucieux de montrer leur esprit que de gagner leur cause, la traitent comme une amplification de rhétorique. Ils s'y arrêtent, ils s'y complaisent, ils la développent avec amour; c'est le morceau capital de leur plaidoyer, le joyau de leur éloquence; c'est leur récit de Théramène.

Pour les vieux praticiens dont la réputation est faite, et qui vont droit au but sans s'amuser à battre les buissons de la route, la narration n'est qu'un moyen. Si les faits sont connus, ils se contentent de les effleurer et courent droit aux preuves; s'ils sont obscurs, ils les éclaircissent; s'ils ont été dénaturés par l'adversaire, ils les redressent. Tantôt ils en font un court sommaire, tantôt un drame qui a ses personnages, ses coups de théâtre, son intrigue et son dénoûment. Quelquefois ils remplacent la narration par le débat contradictoire des faits et des preuves; quelquefois, bien conduite, elle devient entre leurs mains la plus forte et la plus convaincante de toutes les preuves.

Supposons une cause vaste et importante, où la narration doit se développer dans toute son ampleur, et essayons de tracer, non pas les règles, mais les caractères généraux de cette partie du discours. Nous opposerons un historien à un orateur, Voltaire à Bossuet. Voici comment ils nous racontent la bataille de Rocroy :

VOLTAIRE. — « On remarque que le duc

d'Enghien, ayant tout réglé le soir, veille de la bataille, s'endormit si profondément qu'il fallut le réveiller pour combattre. On conte la même chose d'Alexandre. Il est naturel qu'un jeune homme, épuisé par les fatigues que demande l'arrangement d'un si grand jour, tombe dans un sommeil plein : il l'est aussi qu'un génie fait pour la guerre, agissant sans inquiétude, laisse au corps assez de calme pour dormir. »

Bossuet. — « A la veille d'un si grand jour, et dès la première bataille, il est tranquille, tant il se trouve dans son naturel, et l'on sait que le lendemain il fallut réveiller d'un profond sommeil cet autre Alexandre. »

Voltaire. — « Le prince gagna la bataille par lui-même, par un coup d'œil qui voyait à la fois le danger et la ressource, par son activité exempte de trouble, qui le portait à propos à tous les endroits. »

Bossuet. — « Le voyez-vous comme il

La rhétorique

vole ou à la victoire ou à la mort? Aussitôt qu'il eut porté de rang en rang l'ardeur dont il était animé, on le vit presque en même temps pousser l'aile droite des ennemis, soutenir la nôtre ébranlée, rallier le Français à demi vaincu, porter partout la terreur et étonner de ses regards étincelants ceux qui échappaient à ses coups. »

Voltaire. — « Ce fut lui qui, avec de la cavalerie, attaqua cette infanterie espagnole jusque-là invincible, aussi forte, aussi serrée que la phalange ancienne si estimée, et qui s'ouvrait avec une agilité que la phalange n'avait pas, pour laisser passer la décharge de dix-huit canons qu'elle contenait. Le prince l'entoura et l'attaqua trois fois. »

Bossuet. — « Restait cette redoutable infanterie de l'armée d'Espagne, dont les gros bataillons, semblables à autant de tours, mais à des tours qui sauraient réparer leurs brèches, demeuraient inébranlables au milieu de tout le reste en déroute, et lançaient des feux de toutes parts. Trois fois le jeune vainqueur s'efforça de rompre ces intrépides combattants ; trois fois, etc. »

Pourquoi cette différence de ton dans un même récit ? C'est que les deux narrateurs ne poursuivent pas le même but. L'un n'a en vue que la vérité et se contente d'exposer clairement les faits ; l'autre veut nous persuader que Condé, à son début, est déjà un grand capitaine ; il faut que chaque détail du récit tourne à la gloire de son personnage. Que Condé s'endorme la veille du combat, c'est pour l'historien un incident naturel qui peut s'expliquer par deux causes également plausibles ; pour l'orateur, c'est le sommeil d'un héros. Si Voltaire rend justice à la fois aux ennemis et au prince, c'est pour se montrer impartial ; si Bossuet exalte le courage des Espagnols et leur résistance désespérée, c'est pour rehausser la victoire du prince. De là le contraste du style, simple et élégant chez l'un, véhément et coloré chez l'autre. Voltaire, qui ne veut qu'instruire, s'adresse à l'intelligence du lecteur; le panégyriste, qui veut prouver, parle à son imagination. L'un nous fait penser, l'autre nous émeut. Ce que le récit historique met en réflexions, l'oraison funèbre le met en tableau. Elle transforme ce *jeune homme* en un *Alexandre,* ces bataillons d'infanterie en des tours vivantes. Ce *coup d'œil* et cette *activité* du prince sont des abstractions froides et languissantes, qui rendent bien compte de la victoire, mais qui ne la mettent pas sous nos yeux. C'est Condé lui-même qu'elle nous montre se multipliant sur le champ de bataille, frappant l'ennemi de l'épée et du regard et décidant seul le succès de la journée.

Voltaire nous a donné une idée nette de la bataille de Rocroy : Bossuet nous a fait admirer le vainqueur : tous deux sont arrivés à leur but par des routes différentes.

Vous voyez donc ce qui distingue la narration oratoire de la narration historique : c'est que tandis que celle-ci expose les faits dans l'ordre le plus clair et le plus intéressant, l'autre les groupe et les enchaîne de manière à produire l'évidence.

Ne cherchons pas plus loin les qualités propres à cette partie du discours. Grouper les faits et les enchaîner avec art, prouver en racontant, voilà tout le secret.

Prouver en racontant, dis-je, mais sans avoir l'air de prouver. Car plus l'ordonnance de votre récit est savante, plus vous avez intérêt à la dissimuler, et c'est ici plus qu'ailleurs que le comble de l'art est de faire en sorte qu'il ne se montre point. C'est pourquoi je ne proposerais pas pour modèle à l'orateur la narration de Bossuet, si éloquente qu'elle soit. L'art, en effet, y apparaît trop. Bossuet, parlant devant un auditoire sympathique et attendri, n'a pas besoin de masquer ses intentions. On sait qu'il est monté en chaire pour prononcer l'éloge de Condé : plus cet éloge sera pompeux, plus il semblera digne du héros, plus il remplira l'attente des assistants. Mais un avocat, qui s'adresse à des juges méfiants et souvent prévenus, a besoin de plus d'artifice. Il faut que son récit soit comme une chaîne qui les enveloppe, avant qu'ils aient eu le temps d'en compter les anneaux. Il faut que chaque fait vienne renforcer le fait qui le précède et préparer celui qui suivra; il faut que l'ombre et la lumière soient réparties adroitement sur les côtés faibles et sur les côtés avantageux de la narration; il faut, ce qui est plus difficile encore, que cet ordre calculé échappe à la pénétration du tribunal. Vous avez promis de raconter les choses comme elles se sont passées, plutôt en historien fidèle qu'en avocat intéressé : si vos paroles n'ont pas la simplicité d'un témoignage sincère, si vous forcez les couleurs de votre tableau, si vous laissez trop percer le désir de passionner, si vous vous montrez moins le défenseur de la vérité que celui de votre client, votre bonne foi sera d'autant plus suspecte que votre narration aura été plus habile, et votre éloquence même deviendra une arme que votre adversaire tournera contre vous. L'échafaudage de vos preuves, privé de l'appui des faits qui sont sa base naturelle, s'écroulera et entraînera votre cause dans sa chute. Les orateurs attiques, et surtout Lysias, excellent à dissimuler l'art de leurs récits sous un air de candeur et de désintéressement qui fait illusion : imitez leur savante simplicité. Que, dans votre narration, les preuves s'abritent derrière les faits comme les canons derrière les rangs, dans l'infanterie espagnole.

Quand viendra le combat, c'est-à-dire l'argumentation, c'est alors qu'il sera temps de démasquer vos batteries et de aire feu de toutes vos pièces.

IX

L'ARGUMENTATION

Revenons toujours à nos principes. Prouver est le but de l'éloquence : plaire et toucher ne sont que les moyens.

L'argumentation est donc le corps du discours ; les autres parties en sont les membres.

L'orateur par excellence est celui qui, ayant une cause à défendre, sait en tirer le plus de preuves et les ordonner le plus savamment. S'il joint à cette puissance de conception la faculté de les développer avec abondance et de les échauffer de la parole et du geste, cet homme est plus qu'un orateur, c'est le génie même de l'éloquence.

Les rhéteurs, supposant avec raison que le génie est l'exception et que la médiocrité est le partage du grand nombre, viennent au secours de notre infirmité et nous mettent, pour ainsi dire, les preuves en main. Ils en distinguent deux sortes : celles que l'on tire des entrailles mêmes du sujet et que l'on nomme *intrinsèques*, et celles qui ne tiennent à la cause que par un lien artificiel : ce sont les preuves *extrinsèques*.

Les recueils de ces arguments ou *lieux communs* sont curieux et bons à consulter; mais je me contenterai de vous y renvoyer, et cela, pour deux raisons : l'une, qu'il n'y a pas de dénombrement si vaste qui contienne toutes les preuves applicables aux différents genres de causes qu'amènent les conflits des intérêts humains; l'autre, que dans toute affaire les questions particulières peuvent se ramener à une proposition générale, que le bon sens et la réflexion trouvent aisément, sans le secours des lieux communs.

Exemple. — A a surpris B, la nuit, en

armes, dans sa maison, et l'a tué. Était-il dans son droit de légitime défense, et jusqu'où s'étendent les limites de ce droit? Voilà la question générale dans laquelle peuvent rentrer tous les cas particuliers de cette nature. De même que, quand on écrit un mot, il n'est pas nécessaire de porter sa pensée sur toutes les lettres qui le composent, de même, quand on plaide une cause, on n'a pas besoin de passer en revue tous les lieux communs qui s'y rapportent. Le tort des rhéteurs est de compter trop sur la mémoire de leurs élèves, et pas assez sur leur bon sens.

Laissons-les donc s'arrêter aux détails, et contentons-nous d'esquisser à grands traits le travail de la composition oratoire.

L'orateur a étudié attentivement son sujet, il s'est assuré que le fait a eu lieu, il en a déterminé l'espèce, il a trouvé le point capital de la cause. Pour peu qu'il ait l'esprit étendu et orné, autour de cette idée générale les preuves accourent d'elles-mêmes se placer — les plus importantes d'abord, les moins importantes ensuite. Elles abondent au point qu'il est obligé d'en écarter quelques-unes et de faire un choix. Quand il a trié celles qui semblent le mieux convenir à son sujet, aux circonstances du procès, au caractère du client, aux dispositions des juges, il entre dans le développement. Les idées s'attirent par groupes, chacune d'elles appelant à sa suite des idées secondaires, qui en appellent d'autres à leur tour. C'est une série d'arguments rattachés ensemble par le lien de la proposition maîtresse et qui s'appuient l'une sur l'autre en se succédant. Chaque raison nouvelle est comme un flot qui vient grossir le raisonnement et ajouter à l'évidence, jusqu'à ce que la démonstration soit complète. L'esprit charmé s'intéresse à cette déduction comme à un drame bien conduit : vrai drame, en effet, qui a pour unité d'action la question à débattre, pour personnages les idées, pour intrigue les objections à résoudre, pour dénoûment la persuasion.

Mais comment triompher des esprits, si on ne se rend maître des cœurs? Tant que la raison reste calme, tant qu'elle se possède, retranchée derrière ses doutes, elle lutte contre l'évidence et refuse de se rendre, même quand elle est déjà plus d'à moitié vaincue. Il en est des âmes comme du royaume de Dieu, elles appartiennent à celui qui les enlève de vive force. Or, ce n'est pas avec des raisonnements, c'est avec des sentiments, avec des images que l'orateur peut se flatter de remporter la dernière victoire. Les hommes, en effet, ne sont pas de purs esprits : ils ont besoin d'être touchés autant que convaincus. Les arguments abstraits sont pour eux, comme les ombres de la caverne de Platon, de vains simulacres qui s'évanouissent aussitôt que s'éteint la lumière de l'éloquence.

L'orateur, plein de son sujet, se passionne pour la cause qu'il défend. Son émotion qu'il ne peut contenir déborde en images saisissantes : son argumentation prend un corps et ses preuves deviennent des tableaux. Il ne démontre pas, il peint, il personnifie ses idées, il les fait agir et parler. Avez-vous jamais assisté à une grande fête de l'éloquence? La raison, le cœur, l'oreille, les yeux, tout y est satisfait. Il semble que votre âme se détache pour voler sur les lèvres de l'orateur, tant vous ne vous possédez plus, tant vous lui appartenez tout entier. Vous arriviez tout à l'heure froid, réservé, méfiant; maintenant vous voilà indigné, attendri, les yeux mouillés, la poitrine oppressée. Et pour soulever en vous ces orages, il a suffi du souffle d'un homme. Mais cet homme est lui-même ému et troublé comme vous : les passions qu'il excite, il les ressent. Elles parlent par ses yeux, par son geste, autant que par ses lèvres : elles trempent les fibres de sa voix et lui donnent des inflexions pénétrantes; elles font jaillir de tout son être des étincelles qui embrasent les âmes les plus froides. Il n'y a pas de musique sur la terre plus douce que celle de la parole humaine.

Voilà qui est bien, direz-vous; mais l'art oratoire se bornera-t-il à des réflexions générales? Ne tracera-t-il pas à l'argumentation les routes qu'elle doit suivre? — Je vous l'ai déjà dit, et je ne me lasserai pas de le répéter, il y a autant de routes que de causes et de génies différents. Tel orateur, nature ardente, agressive, habile à manier l'ironie, excelle dans l'attaque plus que dans la défense. Sa manière d'établir ses preuves est de détruire celles de l'adversaire, et toute son argumentation se concentre dans la réfutation. A chaque instant il sort de ses retranchements, relance l'ennemi dans les siens et le perce des traits de son invective. Tel autre, plus prudent, après avoir examiné le fort et le faible d'une cause, s'empare du côté avantageux, s'y cantonne, y prend racine. Pressé trop vivement, il bat en retraite, mais sans jeter les armes et sans cesser de s'en couvrir. Il fuit, mais en combattant, et se retire dans son fort en faisant bonne contenance. Il a moins l'air de reculer que de choisir volontairement son poste. Il songe moins à assurer le succès de sa cause qu'à éviter de la compromettre.

Cette méthode est peut-être la moins brillante, mais elle est sans contredit la plus praticable et la plus sûre. Car il en est au barreau comme à la guerre, où souvent les batailles se perdent par un excès de témérité. On veut faire une trouée au milieu des arguments de l'adversaire, on se découvre et on perd sa cause au moment où on la croit gagnée. On ressemble à ces duellistes qui, forcénés de rage et ne se possédant plus, se fendent imprudemment et s'enferrent. Ainsi un témoin à charge dépose contre votre client; il le fait en termes modérés. Vous cédez à votre impatience, vous l'interrompez, vous le poussez, vous le mettez en contradiction avec lui-même ; irrité, il se retourne contre vous; d'un témoin impartial vous vous êtes fait un ennemi acharné. Vous exaltez trop les mérites de votre client, vous l'exposez à l'envie; vous perdez toute mesure à l'égard de l'adversaire, vous le rendez intéressant.

En général, quand vous aurez préparé vos preuves, mettez les plus fortes en lumière, et répandez sur les parties faibles de la cause une ombre savante : tâchez de dérober le défaut de votre armure à la pointe de l'antagoniste. Si vous ne vous sentez pas assez fort pour vous découvrir, restez sur la défensive; si au contraire la réfutation vous semble plus avantageuse, prenez du champ et courez bravement à l'attaque.

Fidèle moi-même à ces principes, je bornerai là mes conseils. Car m'étendre plus longuement sur ce sujet, ce serait sortir des bornes que je me suis tracées et m'engager imprudemment sur le terrain de l'expérience (1).

X

LA PÉRORAISON

L'action terminée, le général rallie ses forces pour les mener à la poursuite. La péroraison est le ralliement des preuves dispersées dans la lutte oratoire.

Je vous ai dit que, chez les Grecs, elle était un simple résumé.

Les Romains lui donnaient plus d'étendue et plus d'importance. C'est pour la péroraison qu'ils réservaient les grands mouvements pathétiques; c'est là qu'ils

(1) Voir le *Tableau des arguments*.

ouvraient, comme dit Quintilien, toutes les écluses de la passion.

Et ils avaient raison, car s'il y a un moment où il importe de troubler les âmes, c'est quand elles sont déjà ébranlées par le raisonnement. N'oubliez pas toutefois que la passion n'est qu'un moyen oratoire qui doit circuler dans toutes les parties du discours, comme le sang circule dans les veines.

Y a-t-il des règles particulières pour toucher? Pas plus qu'il n'y en a pour convaincre. Tout l'art d'émouvoir consiste à être ému. Il sort d'un homme passionné comme un courant sympathique qui communique aux autres les impressions dont il est agité. L'âme humaine est un écho qui répond à tout sentiment vrai exprimé avec force. Ceux-là seuls le trouvent muet, qui ne savent pas l'interroger.

— Mais cette émotion nécessaire pour remuer les passions, où la chercher? — En vous-même. Le cœur en est la source intarissable. — Quoi! je plaide une cause pour de l'argent, et vous voulez que je m'échauffe sérieusement pour des intérêts qui me sont étrangers! — Et pourquoi non? Est-ce qu'un poëte ne s'identifie pas avec les personnages qu'il a créés? Est-ce que vous-même vous ne vous intéressez pas sérieusement aux malheurs imaginaires d'un héros de roman? Et si le récit d'une injustice qui ne vous touche en rien vous transporte déjà d'indignation, comment, je vous le demande, pourriez-vous rester froid en défendant la cause d'un client qui vous confie sa fortune ou sa vie, surtout si cette cause vous paraît bonne et si votre conscience vous dit que la perdre ce serait laisser égorger le bon droit par l'iniquité? — Émotion de novice, direz-vous encore, impression passagère, à laquelle on s'endurcit par la pratique, comme le soldat s'habitue au feu et le marin à la tempête! — Erreur. Je crois, au contraire, que plus un orateur a grandi en expérience et en réputation, plus il a une haute idée de son art et plus il craint de rester au-dessous de son sujet et de l'attente du public. Cicéron confesse que, chaque fois qu'il montait à la tribune, il sentait un frisson lui courir de la tête aux pieds.

Mais à la chaleur du développement, cette glace se fond bientôt : une réaction s'opère, qui exalte les facultés de l'orateur. Son génie, un instant contenu, rompt ses digues et s'épanche en torrents. Rien de plus fécond que ces crises de l'âme. C'est d'elles que jaillissent les inspirations soudaines qui sont les coups de théâtre de l'éloquence.

Crassus, plaidant pour Aquilius menacé d'une sentence d'exil, se souvient que ce vieillard qu'il voit triste et abattu, il l'a vu jadis consul, général, honoré du sénat, triomphant au Capitole. D'un élan de sensibilité irrésistible, il déchire la robe de son client et montre au peuple ses blessures. Les juges fondent en larmes : l'orateur, profondément ému, est forcé de s'interrompre, l'accusé est sauvé. Ce mouvement aurait-il eu le même succès s'il eût été concerté? J'en doute, car la passion a dans ses effets spontanés quelque chose de soudain qui saisit l'âme, qui prévient la réflexion et que l'art ne peut imiter.

Quand Cicéron, défendant Ligarius, fit tomber des mains de César la sentence de condamnation déjà écrite; quand Massillon, prêchant sur le petit nombre des élus, frappa son auditoire de terreur, où ces deux orateurs trouvèrent-ils, l'un cette véhémente sortie contre Tubéron, l'autre cette évocation du Christ apparaissant tout à coup au milieu du temple, devant les yeux épouvantés des fidèles, avec la majesté d'un juge souverain? Croyez-vous que l'art seul et privé du secours de la passion aurait pu opérer ces miracles de persuasion?

Je sais bien que la plupart de ces effets sont préparés à l'avance dans le silence du cabinet. Mais si l'orateur ne se présentait pas en public déjà échauffé par la méditation de son sujet, si la vue du tribunal, la présence de son client, les regards de la foule attachés sur lui le laissaient froid et indifférent, soyez bien convaincus que ses intentions les plus heureuses n'aboutiraient qu'à des jeux de scène manqués ou ridicules.

Jamais la mémoire n'a suppléé à l'inspiration. « Si je voulais acquérir le titre d'orateur, dit Henri IV aux notables de Rouen, j'aurais appris quelque belle et longue harangue, et vous la prononcerais avec assez de gravité. » Mais le Béarnais connaît trop les hommes pour avoir besoin de chercher sa rhétorique dans les livres. Comme il est pauvre et que ces bonnes gens sont riches, et qu'il veut tirer d'eux quelque argent pour achever de conquester son royaume, il les flatte, il se fait modeste et humble; on dirait un débiteur devant ses créanciers. S'il les a convoqués, ce n'est pas, comme faisaient ses prédécesseurs, pour leur faire approuver ses volontés; non, c'est pour recevoir leurs conseils, pour les croire, pour les suivre, pour se mettre en tutelle entre leurs mains. « C'est une envie, ajoute-t-il, afin de rehausser le mérite d'une condescendance si rare, c'est une envie qui ne prend guère aux rois, aux barbes grises et aux victorieux. Mais la violente amour que je porte à mes sujets, et l'extrême envie que j'ai d'ajouter ces deux titres à celui de roi me font trouver tout aisé et tout honorable. » Le moyen de ne pas être attendri par une péroraison aussi touchante, et de rien refuser à un prince si débonnaire!

Au théâtre où le poëte, tenant dans ses mains tous les fils de l'action, dispose à son gré de nos impressions, comme de ses incidents et de ses personnages, le succès appartient souvent à celui qui frappe fort. Au barreau, où c'est la fortune qui noue l'intrigue et où l'orateur reçoit de sa main les rôles tout faits, le seul moyen de frapper fort c'est de frapper juste.

Si donc vous voulez arriver aux cœurs de vos juges, commencez par étudier leur caractère. Les trouvez-vous favorablement disposés, tant mieux : car il est plus facile de lancer au galop un cheval en haleine que de le mettre au trot quand il est au repos. Ignorez-vous leurs sentiments, tâchez de les démêler : imitez le médecin qui, avant de donner sa consultation, s'informe avec soin de la nature de la maladie et du tempérament du malade. Une fois leur inclination connue, vous n'avez plus qu'à l'entretenir et à tourner votre voile du côté où vient le vent.

L'art d'exciter les passions est si variable, il dépend si bien des situations et des caractères, qu'on voit à chaque instant l'éloquence arriver au même but avec les moyens les plus opposés.

Le connétable de Bourbon mène ses bandes au siége de Rome en leur promettant les richesses des cardinaux. Annibal et Napoléon montrent à leurs soldats, du haut des Alpes, les belles contrées du Piémont et de la Lombardie : « Je vais vous conduire dans les plus fertiles plaines du monde; vous y trouverez de grandes villes, de riches provinces; vous y trouverez honneur, gloire et richesses. »

Les représentants de l'armée de Sambre-et-Meuse enflamment les soldats de 93 avec les mots de patrie et de liberté.

Les Romains ont été surpris et enfermés dans un défilé. Un tribun militaire se dévoue pour le salut commun. Pour donner à l'armée le temps de se dégager, il marche avec quelques centaines d'hommes à l'assaut des hauteurs occupées par l'ennemi, et leur jette en partant ces simples paroles :

« Allons, camarades, allons mourir pour la république. »

— Tu vois cette redoute, dit un chef à un officier, tu l'attaqueras avec tes hommes. — Oui, mon général. — Tu te feras tuer. — Oui, mon général.

Tel prouve à ses soldats que la victoire est certaine et qu'ils sont dix contre un ; tel autre leur dit que tout est perdu, et allume en eux la rage du désespoir.

Masséna, à Essling, insulte un corps qu'il voit plier : « Canailles ! tas de poltrons ! » Peut-être au début de la bataille les avait-il appelés des héros.

Un célèbre chef de bandes fait à la jeunesse ce singulier appel : « A ceux qui voudront me suivre je promets des marches forcées, des alertes, des surprises, des nuits sans sommeil, la faim, le froid, la fatigue, et pour repos la fusillade. » Et les volontaires accourent en foule sous ses drapeaux.

Honneur, cupidité, honte, amour-propre, sentiment de la discipline, fanatisme de la patrie, — autant de ressorts toujours prêts à agir sous la main de l'orateur.

Mais l'important n'est pas de les remuer, c'est de savoir le faire à propos. L'emploi du pathétique exige beaucoup de tact et de mesure. D'abord il ne faut pas le prodiguer. La passion est un état violent dont l'âme se fatigue vite et qu'on doit craindre de prolonger. Ensuite il faut voir si le sujet que l'on traite admet les grands mouvements, ou s'il y répugne. N'oubliez pas que le ridicule naît presque toujours du contraste et de la disproportion. On se moque d'un orateur qui emploie les grands moyens pour faire triompher une petite cause, comme d'un homme qui s'armerait d'une massue pour écraser une mouche, ou d'un sauteur qui prendrait un grand élan pour trébucher et faire la culbute. Rappelez-vous la fameuse péroraison des *Plaideurs*, et les larmes des petits chiens, et le malicieux trait du bonhomme Dandin :

Ce que c'est qu'à propos toucher la passion !

Le barreau romain, qui abusait des péroraisons pathétiques autant que le nôtre en use sobrement, voyait souvent se produire des scènes aussi plaisantes que celles-là. Un avocat de causes véreuses, nommé Cépasius, personnage décrié, langue vénale, s'était chargé de la défense d'un certain Fabricius, aussi honnête homme que lui. L'affaire était mauvaise et perdue d'avance dans l'esprit des juges et dans l'opinion publique. Cépasius entre en matière par un exorde magnifique et tiré de loin. Le tribunal l'écoute avec un recueillement qui n'est que de la stupeur et que la vanité de l'orateur prend pour de l'admiration. L'accusé lui-même partage cette illusion : il respire, il renaît à l'espoir. Mais voilà qu'arrivé à la péroraison, l'avocat s'avise de tirer du fond de son sac oratoire ce splendide développement : « Regardez, juges, la misère de la condition humaine ; regardez l'inconstance et la mobilité des événements; regardez la vieillesse de Fabricius; regardez... » Comme il disait : « Regardez ! » il regarda lui-même. Mais déjà Fabricius, tout honteux, s'était sauvé la tête basse et avait disparu de l'audience. Les juges de rire et l'orateur de se fâcher tout rouge. Il crie que sa cause lui échappe, qu'on lui coupe sa belle tirade, qu'il n'a pas fini encore son : *Regardez, iuges, regardez*. On voit le moment où il va courir après son client, lui sauter à la gorge et le ramener de force à sa place pour achever sa péroraison.

Un autre avait amené à l'audience un enfant dont les larmes devaient attendrir le tribunal. Son précepteur, placé auprès de lui, devait l'avertir quand il faudrait pleurer. Et en effet, au moment le plus pathétique du discours, l'enfant joua son rôle à merveille : « Voyez, juges, s'écrie aussitôt l'orateur, il pleure, et pourquoi pleure-t-il ? » — « Parce que mon précepteur me pince, » interrompit l'innocent. Dans l'état actuel de nos mœurs judiciaires, de pareilles mésaventures sont devenues impossibles. Le goût français, ami de la simplicité et du naturel a éloigné du barreau l'appareil tragique des vêtements déchirés, des cheveux épars, des enfants en larmes et des vieillards à cheveux blancs. Il laisse cette mise en scène au mélodrame et réduit le pathétique à l'expression la plus simple des sentiments. Si cette contrainte épargne à nos orateurs les grandes chutes, elle leur interdit souvent les grands essors. La plupart, en effet, semblent sacrifier au respect humain plus qu'au succès de leur cause, et on dirait, à les voir se contraindre et ménager leurs effets, qu'ils ont moins peur d'un échec que du ridicule.

Disposition fâcheuse; car si l'on pouvait choisir entre deux excès, mieux vaudrait peut-être trop de présomption que trop de timidité. La passion vraie n'a pas de ces scrupules; elle s'abandonne à ses effusions avec la confiance d'un enfant qui livre sa joue aux baisers, et sa simplicité même désarme la critique. Elle a des maladresses heureuses et des témérités triomphantes : notre émotion justifie son désordre et nos larmes sont complices de ses transports. Qui oserait tracer à l'inspiration les limites où elle doit s'arrêter? Le cœur a sa logique comme la raison. Il y a dans les élans de la sensibilité, comme dans les crises de la tempête, une sorte de rhythme et de progression : le désordre de l'âme a ses lois comme celui des éléments. Mais ces règles mystérieuses de la passion ce n'est pas l'art qui les enseigne, c'est la nature; ce n'est pas la réflexion qui les trouve, c'est l'intuition. Ayez de l'âme, soyez ému, et quand vous verrez vos impressions partagées par ceux qui vous écoutent, ne prenez plus conseil que de vous-même et de vos propres mouvements.

XI

LE STYLE ORATOIRE

Il n'y a pas trois sortes de style; il n'y en a qu'un, celui qui règle tous ses mouvements sur ceux de la pensée : simple, quand elle est simple; orné, quand elle est gracieuse; magnifique, quand elle s'élève.

Le vrai style oratoire est celui qui marque toutes les ondulations du discours, comme une étoffe légère dessine les formes du corps.

Les idées sont un fonds commun que chacun peut s'approprier par l'usage qu'il en fait. Le *Moïse* de Michel-Ange n'était qu'une pierre brute avant que le statuaire l'eût fait sien en le marquant de sa griffe de lion. Le même paysage, vu par deux peintres, et éveillant en eux des impressions différentes, prend sous leur palette des aspects différents. De même les arguments sont la matière commune de l'éloquence : mais chaque orateur en varie l'ordonnance et la forme, et les teint, pour ainsi dire, des couleurs de son génie. Dans Démosthène et dans Mirabeau, esprits pratiques, hommes d'action, le tissu transparent de la forme laisse voir toutes les saillies des muscles : Cicéron et Massillon, plus artistes, sont plus abondants : sous l'ampleur de leur prose on suit plutôt la marche du raisonnement qu'on n'en devine les contours. Bourdaloue a la méthode et la précision; Bossuet la majesté; Fénelon l'onction et la grâce. L'éloquence de Voltaire est un courant clair et rapide; celle de Montesquieu un torrent au lit inégal, tantôt vaste comme un fleuve, tantôt frétillant comme un ruisseau. Le style est la physionomie de la pensée, comme la figure est l'expression du caractère. Ceux qui copient le *faire* des grands modèles sont comme les laquais qui croient ressembler à leurs maîtres parce qu'ils portent leurs habits. L'imitation a sur l'esprit le même effet que le contact du monde sur les manières ; elle couvre d'un vernis uniforme les défauts et les qualités ; elle fait perdre en originalité ce qu'elle fait gagner en distinction.

Les genres ont, comme les individus, leur caractère, et par conséquent leur style. Donc connaître les traits distinctifs de l'éloquence, c'est connaître la couleur qui lui convient.

L'éloquence, étant une dialectique à l'usage de tous, doit être comprise de tous. Elle ne doit donc employer que des termes nets, précis, à la portée de chacun. Point d'acceptions forcées, point de recherche, point d'archaïsmes, mais des expressions claires, empruntées à la langue usuelle et courante.

On acquiert cette justesse et cette propriété par l'étude de la langue et par la lecture des bons auteurs. Autrefois ces qualités étaient un fruit naturel de la fréquentation du monde : mais alors il y avait en France de vrais salons. Je recommanderai surtout à l'orateur la connaissance approfondie de nos vieux écrivains. Il y trouvera sans doute bien des mots vieillis et tombés en désuétude : ce sont les branches mortes de l'arbre; mais une séve jeune et vigoureuse court encore dans les veines du tronc. Chez eux l'usage n'a pas encore altéré le sens des mots en les détournant de leur acception primitive : la langue, voisine de sa source, conserve la clarté et la limpidité de son courant.

De la succession des mots naissent les phrases, qui sont les membres du discours. Elles doivent être proportionnées au discours; elles doivent en reproduire le caractère général, comme les molécules, selon quelques physiciens, reproduisent en petit l'image du corps qu'elles composent.

Ainsi l'histoire, se bornant à raconter,

veut une phrase alerte et rapide comme la marche des faits qu'elle expose. L'éloquence, dont le but est de prouver, la veut plus ample et plus étoffée. La période est sa forme naturelle. Elle seule, en effet, est assez vaste pour contenir une idée complète avec son cortége nécessaire de preuves et d'explications : « Quoi ! un homme qu'il aurait pu tuer avec l'approbation générale ; un homme qu'il aurait pu tuer justement, impunément, en prenant l'heure et le lieu propices, il l'aurait attaqué au péril de sa vie, quand tout lui était contraire : l'opinion, la loi, les circonstances, le théâtre de la lutte ! Et cela, juges, la veille des comices, quand il disputait à son rival la première charge de l'État, dans ce moment critique (car vous savez, juges, combien un candidat est timide et inquiet, et par quelles angoisses nous fait passer la poursuite du consulat), dans ce moment, dis-je, où tout nous effraye, non-seulement le blâme hautement manifesté, mais le murmure secret de l'improbation, dans ce moment où bruits fâcheux, contes mensongers, si vagues, si légers, si imperceptibles qu'ils soient, nous donnent le frisson, où nous étudions avec anxiété jusqu'aux physionomies, jusqu'aux regards de la foule! »

Retranchez un membre à cette phrase où tout s'enchaîne et se rattache logiquement à l'idée principale : *Milon n'est pas coupable,* la démonstration cesse d'être complète. Mais avouez qu'il faut la vaste et solide charpente d'une période pour résister au fardeau de tant d'incidentes explicatives.

La forme périodique ne satisfait pas seulement l'esprit : elle a, comme la phrase musicale, son rhythme et ses repos réglés par la respiration de l'orateur : elle prend les cœurs en charmant les oreilles.

Mais, si harmonieuse qu'elle soit, elle ne doit être dans le discours que la note dominante. La simplicité du récit et la vivacité de la réfutation s'accommoderaient peu de cette forme grave et majestueuse. Le style doit rendre exactement les tons de la pensée, et l'éloquence est une gamme qui les comprend tous. Unité dans la conception, variété dans l'exécution, c'est la loi de la nature, c'est la loi de toutes les œuvres humaines.

Je ne reviendrai pas sur ce que j'ai dit tant de fois dans le cours de ce travail, que pour persuader il faut peindre, c'est-à-dire représenter ses idées par des images sensibles. C'est là ce qui distingue l'éloquence de la dialectique pure et ce qui la rapproche de la poésie. Le philosophe conçoit des abstractions, l'orateur voit sa pensée. A-t-il saisi des rapports entre deux idées, son esprit impatient supprime le lien qui les unit et confond les deux termes en un seul.

Expliquons ceci par un exemple. M. Mérimée, dans son étude de *Colomba*, une belle œuvre qui rappelle l'*Électre* de Sophocle, explique ainsi qu'il suit un hiéroglyphe trouvé dans une pyramide : « Cette figure bizarre, que vous prenez peut-être pour une bouteille, cela veut dire *la vie humaine*. Celle-ci qui vient après, c'est un bouclier avec un bras tenant une lance : cela veut dire *combat, bataille*. Donc la réunion de ces deux caractères forme cette devise que je trouve assez belle : La vie est un combat. » Un logicien aura besoin de toute une série de raisonnements pour établir les rapports qui peuvent exister entre ces deux termes éloignés, *vie* et *combat*. Il montrera la faiblesse de l'homme qui aspire au bonheur, mais qui, tourmenté par les passions, éprouvé par le destin, découragé par le sentiment de son impuissance, ne goûte que des joies amères et des satisfactions incomplètes. Il prouvera ensuite que le seul moyen d'arriver au bonheur relatif réservé à notre condition mortelle, c'est de borner ses désirs, de lutter contre soi-même et de se mettre au-dessus des événements. Enfin il conclura que la vie est semblable à un combat. L'orateur, dont l'imagination est plus vive, imitera l'artiste égyptien : il supprimera les rapports, et, rapprochant les deux termes, il dira : La vie est un combat.

Il n'y a que les âmes passionnées pour franchir ainsi d'un bond les nombreux degrés qui conduisent lentement d'une idée à une autre les esprits calmes et rassis. Réduisez en raisonnements ces phrases : Une loi de salut public est un glaive dans le fourreau ; — étendre la Révolution sur le lit de Procuste ; — on n'emporte pas la patrie à la semelle de ses souliers ; — de ses derniers soupirs je me rendis maîtresse ; — dans une longue enfance ils l'auraient fait vieillir ; — vous flétrirez par cette analyse la fleur et l'éclat de ces images, mais vous comprendrez quel abîme il y a entre le travail régulier et patient de la déduction logique et la soudaineté de l'intuition.

Tout s'enflamme au souffle de l'éloquence. Elle fait vivre les objets inanimés, elle leur communique l'âme, le sentiment, la volonté : — Que faisait ton épée sur le champ de Pharsale? A quel flanc voulait-elle boire? Que demandait sa fureur? — Glaive du Seigneur, quel coup vous venez de frapper ! — Pour elle le défenseur d'un État en est le bouclier ; un factieux est une torche incendiaire ; les plaies des mourants sont des bouches ouvertes qui crient vengeance ; l'usure est une lèpre qui dévore, la banqueroute un ennemi assis aux portes de la ville.

Elle personnifie les abstractions. Un combat devient un juge qui tient dans ses mains le sort de deux peuples ; la loi une mère qui rappelle au devoir ses fils égarés.

Elle fait parler la honte, le remords, la nécessité, l'occasion, les ombres des ancêtres, le sang des guerriers morts, le souvenir des victoires remportées.

Elle transforme l'âme humaine en un

champ de bataille où les sentiments opposés se provoquent et se défient, comme les héros d'Homère au milieu de la mêlée : — Tout beau, ma passion, soyez un peu moins forte. — Rentre en toi-même, Octave! — Éclatez mes douleurs! — Cessez vaines frayeurs, cessez lâches tendresses; amour, sers mon devoir et ne le combats plus.

Dans l'argumentation philosophique, les preuves sont les matériaux inertes de la discussion; dans le discours, ce sont des forces vives, des auxiliaires intelligentes de la persuasion. On les voit, dociles à l'appel de l'orateur, se lever et accourir à leur poste de bataille; elles se passionnent, elles menacent, elles interrogent, elles implorent; tantôt attendries et prosternées :

Lauriers, sacrés rameaux, qu'on veut réduire en
[poudre,
Vous qui mettez sa tête à couvert de la foudre,

L'abandonnerez-vous à l'infâme couteau
Qui fait choir les méchants sous la main du bour-
|reau?

tantôt pressantes et impétueuses :

Dis, Valère, dis-nous, si tu veux qu'il périsse,
Où tu penses choisir le lieu de son supplice.
Sera-ce entre ces murs que mille et mille voix
Font résonner encor du bruit de ses exploits?
Sera-ce hors des murs?...

— Qui a porté la loi? Rullus. Qui a privé des suffrages la majeure partie du peuple? Rullus. Qui a trié les tribus à son choix? Rullus. Qui les a tirées au sort sans aucune garantie de surveillance? Rullus. Qui a nommé arbitrairement des décemvirs? Encore Rullus. Qui a proclamé son nom le premier? Rullus; — tantôt, enfin, hautaines et ironiques :

Poursuis, Néron : avec de tels ministres,
Par des faits glorieux tu vas te signaler.
Poursuis. Tu n'as pas fait ce pas pour reculer!

La rhétorique a finement et curieusement analysé toutes les formes du style oratoire. Elle distingue deux sortes de figures : les figures de mots, qu'elle appelle *tropes,* du mot grec τρίπω, tourner, parce qu'elles changent la signification des mots, et les figures de pensées, qui sont les gestes et les attitudes du discours.

Les principaux tropes qu'elle énumère sont la métaphore, la métonymie, la catachrèse, la synecdoche, etc., etc.

Quant aux figures de pensées, ce sont l'interrogation, la subjection, forme interrogative par laquelle l'orateur prévient les objections qu'on peut lui faire, l'apostrophe, l'exclamation, l'ironie, l'hyperbole ou exagération, la litote ou atténuation, l'antithèse ou opposition de mots et de pensées, la périphrase, etc., etc.

Ne vous laissez pas effrayer par la physionomie un peu sauvage de ces termes : car sous leur consonnance technique ils ne cachent rien que de fort simple et de fort naturel. Ces tiges desséchées que vous voyez dormir avec leurs étiquettes savantes dans les herbiers des botanistes, ce n'est point la science qui les a créées : hier encore, connues de tous, elles parfumaient les champs et les sentiers, et les petits enfants les saluaient de leurs doux noms populaires. Il en est de même des fleurs de la rhétorique, avec cette différence que le peuple a oublié de les baptiser. On les cueillait déjà vingt ou trente siècles avant que les critiques eussent songé à les nommer et à les classer. Aujourd'hui encore les tropes fleurissent sur toutes les lèvres; les métaphores courent les rues; l'ironie, l'exclamation, l'apostrophe, l'hypothypose s'épanouissent dans les carrefours et s'enroulent en festons sous les piliers de la halle. Un soldat qui dit que le canon gronde ou que les boulets pleuvent fait une métaphore; un maire qui dit que sa commune compte soixante feux fait une synecdoche. Quand un vigneron lie les bras de la vigne, il fait une catachrèse, et une métonymie quand il allume sa pipe ou boit bouteille avec son voisin. Vous dites quelquefois d'un coquin avéré : voilà un honnête homme, c'est une antiphrase. Cet homme est un Crésus; cet autre est un Judas, voilà une antonomase.

Il n'y a pas de langues plus riches en figures que celles des peuples primitifs et ignorants. Leur imagination, jeune encore, découvre partout des rapports qu'ils expriment vivement parce que leur sensibilité en est vivement affectée. Dans le soleil aux rayons pénétrants ils voient tantôt un archer aux flèches d'or, tantôt un berger qui chasse devant lui les troupeaux monstrueux des nuages errants. Un cratère est pour eux la cheminée d'une forge mystérieuse, et les molécules lumineuses de la voix lactée, une longue traînée de lait, échappée au sein de la nourrice d'un dieu. Toute la mythologie hellénique n'est qu'un vaste recueil de métaphores.

Étudiez cette partie de la rhétorique qui traite de l'élocution : elle abonde en remarques fines et en exemples intéressants. Étudiez-la, dis-je, mais plutôt comme un ensemble d'observations curieuses que comme une suite de procédés à imiter. Car si la nature ne vous a pas donné une organisation délicate et impressionnable, les préceptes sur le style ne vous apprendront pas plus à parler éloquemment que l'étude de la logique ne vous apprendra à raisonner juste, si vous avez l'esprit faux. Les principes du dessin peuvent s'apprendre dans les ateliers des maîtres, mais non le coloris; avant de conseiller à un orateur de peindre, il faut lui conseiller d'avoir de l'imagination (1).

(1) Voir le *Tableau des figures.*

XII

L'ACTION ORATOIRE

On sait que Démosthène disait que ce qui domine dans l'éloquence, c'est l'action. On connaît aussi le mot d'Eschine aux Rhodiens. Il venait de leur lire le discours que son rival avait prononcé dans l'affaire de la Couronne, et l'auditoire applaudissait : — « Que serait-ce donc si vous aviez entendu rugir le lion ? » — Cicéron ne craint pas de dire que sans l'action le meilleur orateur n'est rien, et qu'avec elle le plus médiocre peut l'emporter sur le plus habile. Il va jusqu'à nous donner la théorie des mouvements du corps : — « Que la pose soit noble et virile ; qu'elle rappelle non l'attitude du comédien, mais celle du guerrier dans le combat et de l'athlète dans la palestre; que la main n'ait rien d'affecté, qu'elle suive la parole, sans vouloir l'expliquer; que le bras soulevé soit tendu en avant comme pour lancer le trait de l'éloquence; que le pied marque en frappant la terre le commencement et la fin des luttes animées. »

Tout, chez les anciens, justifiait cette pantomime violente et passionnée : les mœurs, les traditions, l'ampleur du costume, les vastes dimensions de la tribune, la présence de la multitude. Tout chez nous fait une loi à l'orateur d'être plus sobre et plus discret : le sentiment moderne des convenances, la forme du vêtement, la composition de l'auditoire, les bornes étroites de l'enceinte réservée aux combats oratoires. Une action trop fougueuse, dans de telles conditions, serait une tempête dans un verre d'eau. Toutefois, entre la raideur empesée d'un méthodiste et la turbulence d'un énergumène de carrefour, il y a une mesure que l'orateur doit garder. Fénelon reprochait à Bourdaloue son immobilité et la précipitation de son débit; comme aussi à d'autres prédicateurs la fougue désordonnée de leur gesticulation. — « Il y a quelque temps, dit-il, je m'endormis à un sermon. Vous savez que le sommeil surprend aux sermons de l'après-midi. Je m'éveillai bientôt, et j'entendis le prédicateur qui s'agitait extraordinairement; je crus que c'était le fort de sa morale. — Eh bien, qu'était-ce donc ? — C'est qu'il avertissait ses auditeurs que, le dimanche suivant, il prêcherait sur la pénitence. »

Evitez ces deux excès. Réglez votre action sur l'importance des choses que vous avez à dire, et sur la vivacité des sentiments qui vous agitent. Souvent les moyens les plus simples produisent les plus grands effets. C'est l'âme qui donne le ton au geste et à la voix. Je tiens d'un vieillard, qui avait entendu Mirabeau dans sa jeunesse, que cet orateur faisait courir un frémissement dans l'assemblée avec ces simples mots : *Je demande la parole.* Ému, courroucé, *impatient du dieu qu'il portait dans son sein,* il avait une manière de jeter cette phrase, en secouant sa crinière, qui faisait dire à chacun : Silence ! le maître va parler.

L'action est l'éloquence du corps. Tous les mouvements de l'âme ont leur physionomie, leur intonation, leur geste. La passion est un archet qui fait vibrer tous les nerfs de l'orateur; sa voix, comme une corde tendue, retentit à chaque impulsion, tantôt grave ou aiguë, tantôt lente ou précipitée, tantôt faible ou puissante. A ces vibrations répondent des intonations différentes, que l'art peut varier à son gré, comme le peintre nuance les couleurs de ses tableaux.

Le geste suit tous ces mouvements, comme l'ombre suit le corps : non pas celui du comédien, qui accentue tous les mots, mais un geste qui rend l'impression générale, sans s'arrêter au détail, et qui fait comprendre les choses plutôt qu'il ne les montre.

Toute l'action vient de l'âme, et l'âme a pour miroir le visage et pour interprètes les yeux. Les yeux sont la seule partie du corps assez mobile pour marquer, par des expressions différentes, tous les degrés du sentiment. Or, les tenir attachés sur le même objet, c'est leur ôter cette faculté. Quelqu'un disait d'un acteur qui avait le regard fixe et concentré qu'il tournait le dos au public.

Les yeux ont donc un rôle important dans l'action : mais de tous les instruments que la passion met en jeu, le plus souple, le plus varié, le plus merveilleux, c'est la voix. Heureux qui l'a reçue de la nature pleine et sonore et qui n'a pas besoin, comme Démosthène, de s'en créer une artificielle ! Il y a des défauts qu'un patient exercice peut corriger, comme la volubilité du débit, le grasseyement, une haleine courte, un bégayement léger. Il y en a d'autres qui résistent à tous les efforts de la volonté la plus opiniâtre : le meilleur alors est de s'y résigner et d'en tirer le parti le plus avantageux possible. Le génie a, comme la beauté, un rayonnement qui couvre toutes les imperfections. Nous avons un orateur qui, pour la pureté élégante du style, la véhémence du raisonnement et l'élévation de la pensée, ne le cède en rien aux plus illustres. Il a l'abondance et la causticité de l'avocat ; il a la fougue du tribun ; il a la raison calme et froide de l'homme politique ; il a tout, excepté un organe agréable. Sa respiration bruyante retentit comme un soufflet d'orgue à chaque repos de ses périodes. Mais ce défaut, sensible à l'exorde, cesse d'être choquant à mesure que l'argumentation s'échauffe : c'est l'âme haletante de la passion, le souffle embrasé du volcan. Un autre, qui n'a de l'orateur ni la taille, ni le port, ni le geste, ni la figure, est cependant un orateur, et le plus puissant peut-être de nos orateurs. Sa petite voix aigre et flûtée est l'organe même de la persuasion. Il entre si bien dans l'esprit de son auditoire, il appuie ses preuves sur un si grand nombre de faits, il les dispose dans un ordre si clair, il donne un tour si familier aux questions les plus abstraites, il met tant d'art à dissiper les doutes, à prévenir les objections, à déblayer tous les obstacles qui peuvent retarder la marche triomphante de son raisonnement, que l'oreille, à l'entendre, devient la dupe de l'esprit satisfait. Le talent de l'artiste cache l'imperfection de l'instrument.

S'il n'y avait que le génie pour suppléer à l'insuffisance de l'organe, que d'orateurs réduits à l'impuissance! Heureusement l'art peut sinon transformer la voix, au moins la corriger. Apprendre à bien prononcer est presque aussi important qu'apprendre à bien dire. Sans être aussi musicale que celles des anciens, notre langue a cependant sa prosodie. Chaque période a son harmonie propre, chaque mot son accent tonique, que l'oreille doit saisir et que la prononciation doit marquer. Une faute d'accent dans le discours est choquante comme une note fausse dans un concert. Mais cette justesse de tons, qui nous la donne? L'éducation, l'usage, l'exercice : je ne connais pas d'autres maîtres. Les repos de la période sont réglés par la respiration; les intonations des membres qui la composent par le sens; les chutes par l'instinct du rhythme, et cet instinct, c'est la nature qui nous le donne, c'est la lecture des poëtes et des orateurs qui le développe en nous. Quant à la prononciation, qui est la manière d'accentuer les mots, elle nous est transmise comme un héritage : nous la recevons, bonne ou vicieuse, de nos parents, de nos nourrices, de nos compagnons d'enfance : nous la respirons, pour ainsi dire, avec l'air qui nous environne. C'est un vin du cru que le temps peut améliorer, mais sans lui ôter son goût de terroir. Nous avons vu des gens distingués, mêlés au meilleur monde de Paris, séjourner trente ou quarante ans dans cette ville, comme Théophraste à Athènes, et conserver leur accent provincial. Il est vrai que ces obstinés provinciaux étaient venus dans la capitale au bon temps où il y avait encore des coches. Aujourd'hui les chemins de fer versent continuellement la province dans Paris, et Paris dans la province; en sorte qu'on peut prévoir le temps où il n'y aura plus ni province ni Paris. Cicéron nous dit qu'on ne parlait le pur latin qu'à Rome, et dans certains quartiers de Rome. Ce sont les femmes, ajoute-t-il, qui conservent le mieux la pureté de l'ancien accent. Et il fait l'éloge d'une vieille patricienne, nommée Lélia, qui s'exprimait avec tant de naturel, de grâce simple et correcte, qu'à l'entendre on jugeait que son père et ses ancêtres n'avaient pas dû parler autrement. Je suppose qu'on trouverait encore à Paris quelque Lélia parmi les femmes du peuple, les bourgeoises du Marais ou les douairières du faubourg Saint-Germain : mais ces perles sont devenues bien rares depuis l'invasion des Béotiens. Que l'orateur se règle sur de purs modèles, s'il est assez heureux pour en trouver; et quand il aura formé sa voix, qu'il s'exerce à la conduire. « Une voix naturellement mélodieuse, quoique très-mal ménagée, ne laisse pas que de plaire; mais elle ne fait dans l'âme aucune des impressions touchantes qu'elle ferait si elle avait toutes les inflexions qui expriment les sentiments. Ce sont de belles cloches dont le son est clair, plein, doux et agréable, mais, après tout, ce sont des cloches qui ne signifient rien, qui n'ont point de variété, ni par conséquent d'harmonie et d'éloquence (1). » Que de cloches

---

(1) Fénelon, *Dialogues sur l'éloquence.*

au barreau, à la tribune et dans la chaire! les unes aigres et fêlées, les autres sourdes ou étourdissantes, les autres plaintives et désolées comme un glas funèbre. La monotonie dans le débit est un crime dont le sommeil de l'auditoire est l'inévitable expiation.

L'action de la voix a, comme celle du corps, sa gradation et ses nuances. Avez-vous lu dans Beaumarchais le tableau de la calomnie : « D'abord un bruit léger, rasant le sol comme l'hirondelle, etc. » — C'est l'image du débit oratoire. Calme et modérée à l'exorde, la voix a des notes discrètes et des modulations caressantes; souple et variée dans la narration, elle prend tous les tons des scènes qu'elle expose et des personnages qu'elle fait parler ou agir : arrivée à la discussion des preuves, elle devient aiguë et pénétrante; elle imprime, comme avec une pointe acérée, la vérité dans l'âme des auditeurs; veut-elle remuer les passions, tantôt elle s'attendrit et se trempe de larmes, tantôt elle gronde, éclate et se précipite. En un mot, elle est dans le concert de l'éloquence ce qu'est le style, ce qu'est le geste, un instrument dont les variations se règlent sur les mouvements de la pensée.

FIN

TABLEAU DES ARGUMENTS

―――

I

La forme principale du raisonnement, celle dont toutes les autres dérivent, c'est le *syllogisme*.

Faire un syllogisme, c'est affirmer l'existence d'un rapport entre deux termes, au moyen d'un troisième.

Vous voulez savoir si deux surfaces sont d'égale longueur, vous prenez une règle et vous l'appliquez sur chacune d'elles. Cette règle, c'est le moyen terme.

Le syllogisme repose sur cet axiome de

géométrie : *Deux quantités égales à une troisième sont égales entre elles.*

Prenons cet exemple banal qui traîne dans tous les traités :

> Il faut aimer ce qui nous rend heureux,
> Or la Vertu nous rend heureux,
> Donc il faut aimer la Vertu.

Aimer... vertu... sont les deux termes dont vous cherchez le rapport : *heureux* est le troisième terme au moyen duquel vous l'affirmez.

Tout syllogisme complet renferme trois propositions. La première se nomme *majeure*, la seconde *mineure*, la troisième *conclusion*.

Il y a dans cet enchaînement logique de trois propositions quelque chose de régulier qui satisfait l'esprit. Mais il faut se garder de conclure de là que toute vérité présentée sous la forme du syllogisme soit par le fait même suffisamment démontrée. Pour que la conclusion fût rigoureuse, il faudrait qu'elle dérivât de principes évidents par eux-mêmes. Mais presque toujours les prémisses sont discutables et auraient besoin elles-mêmes d'être appuyées sur d'autres prémisses.

Les syllogismes en forme, comme celui dont vous venez de voir un exemple, étaient bien placés dans ces *soutenances* de la Sorbonne, où les terribles logiciens du moyen âge retroussaient leurs manches, en disant : *Argumentabor*. Mais cette même symétrie, qui sied à la discussion savante, répugne à la fougue de l'éloquence.

L'orateur, emporté par son imagination, supprime le troisième terme et laisse à l'auditeur le soin de le suppléer. Au lieu de dire dogmatiquement :

> Il faut aimer ce qui nous rend heureux,
> Or la Vertu, etc.

Il dit :

> La Vertu nous rend heureux,
> Il faut aimer la Vertu.

Réduit à ces deux propositions, le syllogisme s'appelle *enthymème*. L'enthymème est la vraie forme oratoire du raisonnement.

Dans son discours sur l'*indemnité des émigrés* (21 février 1825), le général Foy commence ainsi :

« Le droit et la force se disputent le monde : le droit, qui institue et conserve les sociétés ; la force, qui subjugue et pressure les nations. On nous propose un projet de loi qui a pour objet de verser l'argent de la France dans les mains des émigrés. Les émigrés ont-ils vaincu ? Non. Combien sont-ils ? Deux contre un dans cette Chambre ; un sur mille dans la nation. Ce n'est donc pas la force, c'est le droit qu'ils peuvent invoquer. » — L'orateur prouve ensuite que les émigrés n'ont pas plus le droit pour eux que la force, et sa démonstration est complète.

Un discours n'est qu'une longue suite d'enthymèmes.

Souvent, l'orateur, pareil à un stratégiste prudent, qui assure sa marche en pays ennemi, ne hasarde une proposition qu'en l'appuyant de ses preuves. Si la majeure ou la mineure lui paraît devoir laisser des doutes dans l'esprit, il la rend évidente par une démonstration. Les prémisses, ainsi développées, pèsent de tout leur poids sur la conclusion. Cette forme de syllogisme s'appelle *épichérème*.

— « Un scélérat capable de tout, un assassin avéré, un sicaire à gages, un homme de ce caractère peut-il être tué impunément? » — Voilà la proposition.

— « Que signifient donc ces escortes avec lesquelles nous marchons, ces épées, ces armes que nous portons? » — C'est la preuve.

— « Certainement les lois ne toléreraient pas un semblable appareil de défense, si elles ne nous permettaient jamais de nous en servir. » — C'est la conséquence. » (Cicéron, *Milonienne*.)

Le *sorite* (monceau, amas de preuves) est un épichérème qui étend et développe le moyen terme, jusqu'à ce que ses rapports avec les deux extrêmes soient surabondamment démontrés.

Mirabeau, dans son troisième discours sur *la contribution du quart,* appuie le projet de Necker, le ministre des finances. Il en recommande l'adoption immédiate. Voici la substance de son raisonnement : — Nous perdons un temps précieux à discuter le plan de M. Necker. Or tout autre projet, même excellent, serait pernicieux, parce que le temps presse et que la question est urgente. Donc... —

Écoutez le développement : « Avons-nous un plan à substituer à celui que M. Necker nous propose? *Oui!* a crié quelqu'un dans l'assemblée. Je conjure celui qui répond *oui* de considérer que son plan n'est pas connu, qu'il faut du temps pour le développer, l'examiner, le démontrer; que, fût-il immédiatement soumis à notre délibération, son auteur a pu se tromper; que, fût-il exempt de toute erreur, on peut croire qu'il s'est trompé; que, quand tout le monde a tort, tout le monde a raison; qu'il se pourrait donc que l'auteur de cet autre projet, même en ayant raison, eût tort contre tout le monde, puisque sans l'assentiment de l'opinion publique, le plus grand talent ne saurait triompher des circonstances. » —

Le *dilemme* divise les moyens de l'adversaire en propositions contradictoires et le tient enfermé dans la conclusion, comme en une impasse. L'exemple cité plus haut revient à un dilemme : — Ou vous avez de meilleurs plans à proposer, et il est trop tard; ou vous n'en avez pas, et il faut adopter celui qu'on vous présente. —
Le dilemme est une suite d'enthymèmes présentés sous une forme vive et pressante.

L'exemple est un enthymème, où la majeure s'appuie, non sur une raison abstraite, mais sur l'autorité d'un fait, comme l'opinion d'un grand homme ou d'un jurisconsulte ancien, les institutions, les monuments, les actes des ancêtres. Cet argument est très-fort, parce que les hommes sont toujours disposés à accepter, comme règle de conduite, les leçons du passé. Quelques orateurs parlementaires en usent jusqu'à l'excès. Il en est dont les discours ne sont que des citations. Ils écrasent leurs auditeurs sous des liasses de documents et croient avoir été éloquents, parce qu'ils ont prouvé longuement que d'autres pensaient comme eux. Cet étalage de lecture, ce faste d'érudition ne convient pas à l'éloquence. Une tribune n'est pas une chaire d'histoire.

Mettre un adversaire en contradiction avec lui-même, en retournant contre lui ses propres actes et ses propres paroles, est un moyen très-habile et très-employé, qu'on appelle *argument personnel*, ou argument *ad hominem*. J'en ai donné, en parlant du discours de Cicéron pour Ligarius, le plus bel exemple que l'histoire de l'éloquence nous ait transmis. J'ai dit que ce moyen est habile, j'ajoute qu'il est souvent perfide, parce qu'il peut se faire qu'un orateur ait eu raison autrefois de penser d'une manière et qu'il ait raison de penser aujourd'hui différemment. J'ajoute encore qu'il est dangereux, parce qu'il peut tourner à la confusion de celui qui l'emploie. On reprochait à un illustre orateur du parti démocratique d'avoir chanté en vers la monarchie : — J'avais treize ans! répondit le poëte. De grandes acclamations couvrirent la voix de son contradicteur.

LIEUX COMMUNS

Nous savons ce que les rhéteurs entendaient par *lieux communs*. Ils en distinguaient deux sortes : les *lieux intrin-*

sèques, c'est-à-dire tirés de la cause elle-même, et les *lieux extrinsèques,* ou tirés des conséquences extérieures de la cause. Parlons d'abord des premiers.

Définition. — La définition oratoire n'est ni exacte ni complète comme la définition scientifique. Parmi tous les traits caractéristiques de la chose qu'il veut décrire, l'orateur choisit ceux qui produiront sur l'esprit une impression favorable à sa cause, et laisse les autres dans une ombre savante.

Mirabeau, accusé de trahison par ses ennemis, se défend en ces termes : « — Celui qui a la conscience d'avoir bien mérité de son pays, et surtout de lui être encore utile; celui que ne rassasie pas une vaine popularité, et qui dédaigne les succès d'un jour pour la véritable gloire; celui qui veut dire la vérité, qui veut faire le bien public, indépendamment des mobiles mouvements de l'opinion populaire; cet homme porte avec lui la récompense de ses services, le charme de ses peines et le prix de ses dangers; il ne doit attendre sa moisson, sa destinée, la seule qui l'intéresse, la destinée de son nom, que du temps, ce juge incorruptible, qui fait justice à tous. » — (*Du droit de paix et de guerre.* 2ᵉ *Discours.*)

Est-ce là la définition de l'orateur en général ? Non ; mais de l'orateur incorruptible, de celui que Mirabeau veut défendre en sa personne.

Énumération des parties. — C'est l'art de développer un argument, c'est-à-dire de déduire d'une idée générale toutes les idées particulières qui y sont renfermées. L'énumération n'est pas seulement une preuve amplifiée, c'est la source la plus féconde des ornements oratoires.

Rousseau nous en donne un exemple brillant dans son discours sur *l'influence des lettres et des arts :*

— « Aujourd'hui que des recherches plus subtiles et un goût plus fin ont réduit l'art de plaire en principes, il règne dans nos mœurs une vile et trompeuse uniformité, et tous les esprits semblent avoir été jetés dans un même moule. » — Voilà l'idée générale.

Voici l'énumération des parties : — « Sans cesse la politesse exige, la bienséance ordonne; sans cesse on suit des usages, jamais son propre génie : on n'ose plus paraître ce qu'on est; et dans cette contrainte perpétuelle, les hommes qui forment ce troupeau qu'on appelle société, placés dans les mêmes circonstances, feront tous les mêmes choses, si des motifs plus puissants ne les en détournent. » —

Les *circonstances*. — L'orateur, soit qu'il veuille affirmer, soit qu'il veuille nier un fait, s'appuie sur les circonstances au milieu desquelles il s'est produit. De là une foule de preuves que les rhéteurs ont résumées en ce vers bien connu :

Quis, quid, ubi, quibus auxiliis, cur, quomodo,
[*quanto.*

Quis. — Voilà un homme connu pour sa probité, pour la douceur de son caractère. Vingt témoignages attestent qu'il est le meilleur et le plus inoffensif des hommes.

Quid. — Or, on l'accuse d'avoir assassiné son voisin.

Ubi. — Il l'aurait frappé dans sa maison.

Quando. — En plein jour.

Quomodo. — *Quibus auxiliis.* — Je demande, à supposer qu'il ait eu seulement la pensée de ce crime, comment il a pu l'accomplir. Peut-on prouver qu'il l'ait médité? Avait-il des intelligences dans la maison de la victime? Quand on l'a arrêté, lui a-t-on trouvé des armes? Lui connaît-on des complices? Comment les domestiques ne l'ont-ils vu ni entrer ni sortir? Comment n'ont-ils rien entendu?

Cur. — Mais admettons que toutes ces circonstances soient aussi contraires à l'accusé qu'elles lui sont favorables, et que le hasard ait pris autant de soin à le charger, qu'il en a mis à le disculper, il resterait encore à démontrer qu'il avait quelque intérêt à commettre un acte si détestable. Ici l'avocat développe l'axiome de droit : **Is fecit cui prodest.** Il prouve ensuite que son client était l'ami de la victime, qu'il n'avait jamais eu avec lui ni querelle, ni rivalité, ni procès; qu'il était riche, influent, désintéressé; et que par conséquent il n'a pu céder à aucun motif de haine ou de cupidité.

Remarquez qu'entre toutes ces preuves, les unes morales, les autres matérielles, ces dernières sont les plus fortes, et surtout celles qui se rattachent au temps où l'acte s'est passé. Ainsi, dans l'exemple que nous avons donné, si l'avocat peut prouver que son client était absent au moment du meurtre, qu'il était malade, qu'il était chez un ami, ou en voyage, il a cause gagnée. C'est ce qu'on appelle établir un *alibi*.

Je n'insisterai pas sur les autres genres de preuves : je me contenterai de les énumérer.

Le *genre* et l'*espèce*. — Vous prouvez que ce qui est vrai du genre l'est aussi de l'espèce, et réciproquement. Exemple : — Il faut aimer l'humanité, à plus forte raison sa patrie, à plus forte raison sa famille. Autre exemple : — Si le parjure est un crime, le mensonge est répréhensible. —

La *comparaison*. — Vous établissez des rapports entre deux idées, et de ces rapports vous concluez soit du plus au moins, soit du moins au plus, soit d'égal à égal.

Les *contraires*. — Accusez-vous un juge prévaricateur, vous faites l'éloge du magistrat intègre. Critiquez-vous les vices de la civilisation, vous chantez les vertus des âges primitifs. Voyez dans Rousseau (*Discours sur l'influence des lettres et des arts*) le passage qui commence par ces mots : — Opposons à ce tableau celui des mœurs du petit nombre de peuples, etc.

Les *choses qui répugnent entre elles*. (Voir l'article *Circonstances*.) — Il est honnête homme, il est riche, il est désintéressé, il n'a pas de complices, donc...

Les *antécédents* et les *conséquents*. (Voir le même article.) — Quels étaient les rapports de l'accusé avec la victime avant le meurtre? Ceux d'un ami ou ceux d'un ennemi? Quelle a été sa contenance après?

Celle d'un coupable ou celle d'un innocent?

La *cause* et l'*effet*. — Cet homme a donné asile à un proscrit; il a réussi à le faire échapper. Il a transgressé la loi, je le reconnais; lui-même l'avoue. Mais quel sentiment l'a poussé à cet acte hardi? Le plus noble, le plus généreux de tous les sentiments, l'amitié. Et quelle a été la conséquence de son dévouement? Il a épargné aux proscripteurs un meurtre inutile, et peut-être un remords.

Lieux extrinsèques. — Les lieux extrinsèques sont pris, comme nous l'avons dit, en dehors de la cause. Ce sont les lois, les titres, les promesses, les serments, les informations, l'opinion des jurisconsultes, les arrêts des cours souveraines, les dépositions des témoins.

Les anciens en comptaient d'autres, qui ne sont plus dans nos mœurs : les oracles,

les augures, les prodiges, les livres sibyllins, les réponses des prêtres, des aruspices, des devins, etc.

Un moyen de droit heureusement aboli, c'est la torture, cette institution barbare, dont la séquestration de l'accusé est aujourd'hui le dernier vestige.

TABLEAU DES FIGURES

II

Les rhéteurs ont analysé les lois du langage avec autant de soin que celles du raisonnement. Ils distinguent deux sortes de figures : les figures de mots, qu'ils appellent *tropes* (du mot grec τρέπω, tourner, parce qu'elles changent la signification des mots), et les figures de pensées, qui, tenant non au signe, mais à la chose signifiée, sont indépendantes des mots.

Les principales figures de mots sont : la *métaphore*, la *métonymie* et la *synecdoche*.

Métaphore. — Nous ne reviendrons pas sur ce que nous avons dit de la métaphore. L'abus de cette figure suppose un jugement faux. L'orateur qui la prodigue ne tarde pas à fatiguer son auditoire, en le forçant à chercher entre les choses des rapports éloignés ou imaginaires. N'oublions pas que la langue de l'éloquence est la langue des affaires, et que, s'adressant au peuple, elle doit être avant tout simple, précise, pratique. L'image, pour être oratoire, ne doit être qu'une forme vivante du raisonnement.

L'*allégorie* est une métaphore prolongée :

— O Corse, à cheveux plats ! que ta France était
      Au grand soleil de messidor !   [belle
C'était une cavale indomptable et rebelle.
    , Sans frein d'acier, ni rênes d'or, etc.

Et le poëte poursuit la comparaison jusqu'à ce qu'il ait épuisé les rapports.

La *catachrèse* supplée à l'insuffisance de la langue, en empruntant des noms à des choses qui en ont, pour les donner à celles qui n'en ont pas. Les enfants, dont l'imagination toujours en éveil saisit partout des rapports, font un grand usage de cette figure. Leur mémoire trouve soudain le mot qui leur manque et leur langue n'est jamais en défaut. Ils disent : le *chapeau* de la lampe (c'est l'abat-jour), la *dent* de la bouteille (c'est le tire-bouchon), le *nez* de l'éléphant (c'est sa trompe).

Le peuple dit : l'*âme* du soufflet, le *roulement* du tambour, un *coup* de vin, un *pied* de laitue, etc.

La *métonymie* prend la cause pour l'effet :

Le *chypre* incendiait les coupes ;

Et leur *âme* chantait dans les clairons d'airain;

Ou l'effet pour la cause :

Les *canons* vomissent la *mort*;

Ou le contenant pour le contenu :

Les foudres du *Vatican*;

Ou le signe pour la chose signifiée :

On dit d'un gourmand : C'est une belle fourchette; d'un écrivain : C'est une plume éloquente;

Ou enfin le nom abstrait pour le nom concret :

— Là, parmi les douceurs d'un tranquille silence,
Règne sur le duvet une *heureuse indolence*.

C'est-à-dire : d'heureux indolents dorment sur le duvet.

— *L'ignorance et l'erreur*, à ses naissantes pièces,
En habit de marquis, en robes de comtesses,
Venaient pour diffamer son chef-d'œuvre nouveau,
Et secouaient la tête à l'endroit le plus beau.

(BOILEAU)

La *synecdoche* ou *synecdoque* prend le genre pour l'espèce : les *mortels* pour les hommes :

Ou l'espèce pour le genre :

— En son *Louvre* il les invita ;
Quel Louvre ! un vrai charnier.

(La Fontaine.)

Elle prend la partie pour le tout :
Regagner ses *foyers*. Cent *lances*. Les *bleus*, c'est-à-dire les républicains. Un village de cent *feux* ;

Ou le tout pour la partie :
Une chambre commence l'énoncé d'un arrêt par cette formule : *La cour, après avoir délibéré...* C'est une synecdoche.
Elle prend le singulier pour le pluriel :

— *Le Français*, né malin, forma le vaudeville (1) ;

Le nom de la matière pour celui de la chose qui en est faite : Le *bronze* tonne. L'*airain* sacré tremble et s'agite (C. Dela-

---

(1) Et non pas *créa*. Ce vers est toujours mal cité.

vigne). L'*ivoire* pleure dans les temples (Virgile).

Quelquefois, quand on ne veut pas nommer une personne, on la désigne, ou par un trait caractéristique, ou par un nom qui est devenu un type, et alors on fait une *antonomase :*

Le *fléau de Dieu,* c'est Attila; l'*aigle de Meaux,* c'est Bossuet; le *cygne de Cambrai,* c'est Fénelon. Bonaparte, pour les royalistes, c'était l'*ogre de Corse.* Un libertin est un *don Juan,* un *Lovelace;* un assassin est un *Lacenaire;* un critique envieux est un *Zoïle;* un hypocrite est un *Tartufe;* un juge inique est un *Jeffreys,* un *Laubardemont.*

Quand vous dites d'un coquin, c'est un bien honnête homme, ou d'une femme laide, c'est une Vénus, vous faites une *antiphrase.*

FIGURES GRAMMATICALES.

On trouve dans les orateurs et dans les poëtes des tours hardis, inattendus, nouveaux, qui renversent l'ordre régulier de la construction grammaticale. Les grammairiens en ont fait des figures pour ne pas être obligés de les appeler des solécismes.

Ces figures sont :

L'*ellipse* ou omission :

— Je t'aimais inconstant, qu'aurais-je fait fidèle ?

Le *pléonasme* ou surabondance :

— Tu te tais maintenant *et gardes le silence.*

Ce pléonasme, qui partout ailleurs serait ridicule, est ici d'un grand effet. Il fait mieux sentir à Cinna sa confusion et son néant.

L'*hyperbate* ou inversion :

— Celui qui met un frein à la fureur des flots
Sait aussi *des méchants* arrêter les complots.

La *syllepse*. — C'est la règle *turba ruunt* appliquée au français.

— Averti qu'un corps ennemi était campé dans un village, à une lieue de nos avant-postes, je partis à la nuit close avec un escadron de chevau-légers. Nous *les* chargeâmes au petit jour.

— Il fut pris pour un gentilhomme et arrêté ; en effet, il était vêtu comme *eux*. — (Tallemant des Réaux.)

L'*anacoluthe* ou interruption. Vous suspendez brusquement le cours de votre phrase et vous la complétez par une autre qui n'a avec elle d'autre lien que celui de la pensée.

FIGURES DE PENSÉES.

Rappelons-nous que ce tableau n'est pas un code, mais un recueil d'analyses curieuses, et n'imitons pas ces poëtes tragiques, copistes malheureux de Corneille et de Racine, qui disaient : Ici je mettrai un songe, là un récit, ailleurs un monologue. Un discours n'est pas un assemblage de figures habilement rapportées. C'est un fruit de l'étude et de l'inspiration. Pénétrez-vous bien de votre sujet ; à mesure que vous vous échaufferez en le développant, les images naîtront d'elles-mêmes. Les images ne sont que les attitudes naturelles que prennent les pensées dans une âme émue.

Les principales figures de pensées, énumérées par les rhéteurs sont :

L'*interrogation :*

— Pourquoi l'assassiner ? Qu'a-t-il fait ? A quel titre ? Qui te l'a dit ?

(RACINE.)

Je n'ai pas besoin de faire remarquer quelle vie et quel mouvement cette figure donne à la pensée.

La *subjection*. — Moyen habile employé fréquemment par les orateurs pour animer le raisonnement, en lui donnant la forme du dialogue. On suppose une objection adressée par un interrupteur, et on y répond pour lui. Cette image est familière dans la conversation. On dit à chaque instant : Je sais bien que vous allez m'objecter... vous allez me dire... mais je vous répondrai... J'ai déjà emprunté à Mirabeau un bel exemple de subjection :

« Avons-nous un plan à substituer à celui qu'on nous propose? *Oui!* a crié quelqu'un dans l'assemblée. Je conjure

celui qui répond *oui* de considérer, etc. »
Vous trouverez à chaque pas dans Démosthène des tours semblables.

L'apostrophe. — Vous semblez tout à coup abandonner votre sujet pour interpeller une personne ou une chose dont votre imagination est pleine.

Lally-Tolendal, plaidant la réhabilitation de son père, interrompt le récit de l'injuste condamnation du vieillard pour s'écrier : « Hommes justes, fils religieux et soumis, c'est vous que j'invoque. Telle est la faible annonce de l'horrible tragédie que je vais développer à vos yeux. Voilà ce père opprimé dont la cause doit être plaidée par vous. Voilà la première victime sur laquelle j'appelle vos regards et votre intérêt. »

L'exclamation. — Quand la pitié, la haine, la colère, le mépris, la douleur remplissent l'âme de l'orateur, ces sentiments débordent en cris passionnés, en interpellations violentes.

— « O mort tant désirée, que ne viens-tu ! O jeune homme ! brûle-moi tout à l'heure comme je brûlai le fils de Jupiter. O terre ! ô terre ! reçois un mourant qui ne peut plus se relever. » (*Télémaque.*)

La *prosopopée* est la plus poétique des images oratoires. Elle évoque les morts du tombeau ; elle donne une âme et une voix aux choses inanimées ; elle personnifie les êtres abstraits. Antoine, dans Shakspeare, fait parler les plaies de César ; Corneille, dans le *Cid*, le sang du Comte ; Socrate, dans le *Criton*, entend les Lois qui lui ordonnent de subir, sans se plaindre, son injuste condamnation. Une prosopopée classique est celle de Rousseau, dans son Discours sur les arts et les lettres : « O Fabricius ! qu'eût pensé votre grande âme, si, pour votre malheur, rappelé à la vie, etc. »

Une troupe d'amateurs jouait autrefois

à Rouen la *Mort d'Abel*, tragédie en cinq actes. Le fils d'un notable demande à en faire partie. Mais tous les rôles étant distribués, on lui donna pour personnage le *Sang d'Abel*. On l'enveloppa d'un portemanteau rouge cramoisi, on le roula sur la scène, et il criait : « Vengeance ! vengeance ! » — C'était une prosopopée en action.

L'*obsécration* :

CHIMÈNE.
— Sire, sire, justice !

D. DIÈGUE.
Ah ! sire, écoutez-nous !

CHIMÈNE.
Je me jette à vos pieds.

D. DIÈGUE.
J'embrasse vos genoux.

CHIMÈNE.
Je demande justice.

D. DIÈGUE.
Écoutez ma défense.

(CORNEILLE.)

L'*imprécation*. — « Malheur à qui ne souhaite pas au premier ministre des finances tous les succès dont la France a un besoin si éminent! Malheur à qui pourrait mettre des opinions ou des préjugés en balance avec la patrie! Malheur à qui n'abjurerait pas toute rancune, toute méfiance, toute haine sur l'autel public! Malheur à qui ne seconderait pas de toute son influence les propositions et les projets de l'homme que la nation elle-même semble avoir appelé à la dictature ! » — (*Contribution du quart. Deuxième discours de Mirabeau.*)

L'*hypotypose* est une peinture.

Un malheureux avait pénétré la nuit dans la chambre d'une pauvre vieille et l'avait étranglée pour avoir ses nippes. On fait une enquête et, sur quelques indices révélateurs, le vrai coupable est arrêté. Il proteste de son innocence, et à toutes les questions qu'on lui adresse, répond invariablement : « Non, je ne suis pas coupable. » Pas de témoins du crime, pas de complices, des charges légères : une présomption morale seulement.

Convaincu de la culpabilité du prévenu, l'avocat général entreprend de lui arracher la vérité, et en pleine audience : — « Malheureux ! s'écrie-t-il, vous avez cru que votre crime resterait enseveli dans l'ombre et que Dieu seul serait témoin de ce qui s'est passé entre votre victime et vous. Vous avez cru pouvoir tromper la justice par votre silence et vos dénégations. Eh bien ! puisque vous vous obstinez à ne pas vouloir révéler ce que vous avez fait, je vais vous le dire, moi. A une heure du matin, vous êtes descendu sans bruit de votre mansarde; vous avez pénétré à l'aide d'une fausse clef dans la chambre de votre victime; vous vous êtes approché doucement du lit où dormait la pauvre femme; vous vous êtes penché sur elle pour vous assurer de son sommeil; vous êtes allé ensuite à la fenêtre; vous avez pris un foulard qu'elle y avait pendu... » Et il continue, dardant son regard sur l'accusé, accompagnant d'un geste terrible chaque détail de son récit imaginaire. Arrivé à la scène du meurtre, il peint l'agonie de la vieille, sa lutte suprême contre la mort, les derniers efforts de l'assassin. Il voit la figure du coupable, qui n'exprimait d'abord qu'une stupeur inquiète, s'assombrir à chaque trait du tableau. Sûr désormais de tenir la vérité, il force à dessein ses couleurs, il sent qu'il triomphe, que la conscience de l'homme s'émeut, que la vérité va sortir de sa bouche.

Et, en effet, atterré, vaincu, plus encore par le remords que par l'éloquence de l'accusateur, le misérable pousse un cri et s'affaisse sur la sellette : « Assez, assez, qu'on m'emmène! je suis coupable! »

Il y a peu d'hommes auxquels la nature ait accordé ce don de peindre : mais les rares élus qui le possèdent sont ou de grands poëtes ou de grands orateurs, et quelquefois l'un et l'autre.

L'*ironie* est une figure qu'il n'est pas besoin de définir à des Français. Il y a l'ironie douce et bienveillante, celle qui blesse en effleurant, plus pour guérir que pour blesser ; c'est l'ironie de Socrate, c'est la piqûre de l'abeille attique.

Il y a l'ironie plaisante, à l'air paterne et bénin, qui joue avec sa victime et la tue innocemment par le ridicule ; on l'appelle quelquefois persiflage :

> — De ce bourbier vos pas seront tirés,
> Dit Pompignan, votre dur cas me touche.
> Tenez, prenez mes cantiques sacrés,
> Sacrés ils sont, car personne n'y touche :
> Avec le temps un jour vous les vendrez.
>
> (VOLTAIRE.)

Il y a l'ironie perfide qui embrasse pour étouffer :

> — Alidor, dit un fourbe, il est de mes amis.
> Je l'ai connu laquais avant qu'il fût commis.

C'est un homme d'honneur, de piété profonde,
Et qui veut rendre à Dieu ce qu'il a pris au monde.

(BOILEAU.)

Enfin, il y a l'ironie amère, dernière expression de la rage ou du désespoir, qui tour à tour est un blasphème, une injure ou imprécation :

— Grâce aux dieux, mon malheur passe mon espé-
Oui, je te loue, ô ciel, de ta persévérance. [rance.
Eh bien! je meurs content et mon sort est rempli.

— Poursuis, Néron ; avec de tels ministres,
Par des faits glorieux, tu te vas signaler;
Poursuis ! Tu n'as fait ce pas pour reculer.

(RACINE.)

« L'*hyperbole* ou exagération exprime au delà de la vérité pour ramener l'esprit à la mieux connaître. » (LA BRUYÈRE.)

On dit des montagnes d'or, des ruisseaux de larmes, cent coups de bâton, un déluge de paroles.

Polyphème, dans Virgile, s'avance en

pleine mer, et le flot mouille à peine sa ceinture. — Hyperbole employée à dessein par le poëte pour nous donner une idée de la taille démesurée du géant.

Les Gascons d'autrefois passaient pour abuser de cette figure. L'un d'eux se prend un jour de querelle avec un passant : — Je te donnerai, maraud, un si grand coup de poing, que je t'enfoncerai la moitié du corps dans le mur, et ne te laisserai que le bras droit de libre pour me saluer.

La *litote* ou atténuation.

Tantôt on affaiblit à dessein l'expression pour donner plus de force à l'idée. Ainsi on dit d'un homme intelligent qu'il n'est pas sot, d'un brave qu'il ne manque pas de courage, d'un importun qu'il n'est pas gai, d'un rustre qu'il n'est pas aimable.

Tantôt on enveloppe sa pensée d'une sorte de voile transparent, destiné à déguiser ce qu'elle peut avoir de rude ou de blessant. Ces euphémismes abondent dans la langue des Athéniens : ils sont très-fréquents aussi dans la nôtre, parce que nous sommes comme eux un peuple sociable. Nous appelons un scandale, *une légèreté*; une friponnerie, *un acte peu délicat;* une calomnie, *un manque de charité*. Un homme qui a échappé à une maladie mortelle a été *indisposé*, et, dans quelques provinces du Midi, il a été seulement *un peu fatigué*. Le peuple dit d'un homme qui sort du bagne qu'*il a eu des malheurs*.

La tendresse excelle à couvrir, sous des formes adoucies les imperfections de l'objet aimé :

— La géante paraît une déesse aux yeux ;
La naine, un abrégé des merveilles des cieux ;
L'orgueilleuse a le cœur digne d'une couronne ;
La fourbe a de l'esprit ; la sotte est toute bonne ;
La trop grande parleuse est d'agréable humeur ;
Et la muette garde une honnête pudeur,

(MOLIÈRE.)

La *périphrase* fait le tour de la pensée

au lieu de l'aborder franchement. On l'emploie ou pour éviter un mot que l'on craint d'employer, ou pour donner de l'élégance et de l'ampleur au discours :

— Tels que des fils d'Io, l'un à l'autre attachés,
Sont portés dans un char aux plus voisins marchés.
(VOLTAIRE.)

Ces fils d'Io, en vile prose, sont tout bonnement des veaux.

J'estime plus ces honnêtes enfants,
Qui de Savoie arrivent tous les ans,
Et dont la main légèrement essuie
Ces longs canaux engorgés par la suie,
Que le métier de ces obscurs Frérons.
(LE MÊME.)

C'est-à-dire : Je fais plus de cas d'un ramoneur que d'un libelliste.

L'antithèse. — Tous les développements naissent des similitudes ou des contrastes. L'antithèse est le rapprochement de deux idées opposées. Toujours les poëtes opposeront le jour à la nuit, l'aurore au déclin, le berceau à la tombe, la force à la faiblesse. le grand au petit, le bien au mal, l'effet à la cause, etc.

Quelquefois l'antithèse jaillit du choc de deux mots :

— Et la Grèce domptée a dompté son vainqueur.
— Pour réparer des ans l'irréparable outrage.

Quelquefois elle rapproche violemment deux expressions étonnées de se trouver ensemble, et les fond, pour ainsi dire, en une seule. Elle dit : Une *heureuse* faute, un *pieux* mensonge, une défaite *triomphante*. Les grammairiens appellent cette figure *alliance de mots*. C'est un mariage forcé.

La *comparaison*. — Le poëte, qui veut surtout peindre, fait de ses comparaisons des tableaux. L'orateur, qui veut surtout persuader, n'emploie cette figure que pour rendre ses démonstrations plus sensibles. Souvent, comme Socrate, il emprunte ses rapprochements aux arts, aux métiers, aux détails familiers de la vie. Souvent aussi sa comparaison est un rapport brièvement exprimé, qui jette sur sa pensée comme une lueur soudaine :

« Une nation en révolution est comme l'airain qui bout et se régénère dans le creuset. La statue de la Liberté n'est pas fondue : le métal bouillonne, et si vous n'en surveillez le fourneau, vous serez tous brûlés. » (Vergniaud.)

« Mithridate était, dans les adversités, comme un lion qui regarde ses blessures. » (Montesquieu.)

L'allusion. — On effleure en passant le souvenir d'une idée, soit qu'on craigne d'y insister, soit qu'on veuille donner à penser à ceux qui nous écoutent :

— Cependant Claudius penchait sur son déclin...
Il mourut. oMille bruits en courent à ma honte.

(Racine.)

Agrippine ne peut pas donner à entendre plus clairement à son fils qu'elle a hâté les derniers moments de Claude pour lui assurer le pouvoir.

« Et où avons-nous intrigué? Dans les sections? Nous y a-t-on vus exciter les passions du peuple par des discours bien féroces et des motions bien incendiaires ; le flatter pour usurper sa faveur, et le précipiter dans un abîme de misères, en le poussant à des excès destructeurs du commerce, des arts et de l'industrie? » Vergniaud.)

Allusion à Robespierre et à son parti.

La *gradation*. — « Si empoisonner un

citoyen romain est un crime, si le battre de verges est un attentat, si le faire mourir est presque un parricide, que sera-ce de le mettre en croix ? » (Cicéron.)

J'ai profané leur temple et brisé leurs autels,
Je le ferais encore si j'avais à le faire,
Même aux yeux de Félix, même aux yeux de Sévère,
Même aux yeux du Sénat, aux yeux de l'Empereur.

(Corneille.)

La *prolepse* ou *antéoccupation*. — Si l'orateur a bien étudié sa cause, il prévient les moyens dont usera son adversaire et le désarme en les réfutant d'avance.

— Et vous, ses amis, on est assez curieux de voir comment vous vous y prendrez pour l'excuser. Sera-ce sur sa jeunesse? il a quarante ans passés; sur son ignorance? il se dit le *Du Cange* du siècle; sur la frivolité de son état? il est conseiller de grand'chambre; sur la considération due à sa place? il l'a dégradée publiquement. (Beaumarchais, *Mémoires*)

La *suspension*. — On laisse attendre un instant à l'auditeur les conséquences des prémisses qu'on a posées : on les lui donne même à deviner, et on le surprend par l'inattendu de la réponse.

— Combien de fois a-t-elle remercié Dieu humblement de deux grandes grâces : l'une de l'avoir faite chrétienne ; l'autre... messieurs, qu'attendez-vous? peut-être d'avoir rétabli les affaires du roi son fils? non, c'est de l'avoir faite reine malheureuse ! (Bossuet, *Oraison funèbre de la reine d'Angleterre.*)

> Un jour, dans le sacré vallon,
> Un serpent mordit Jean Fréron.
> Que croyez-vous qu'il arriva?...
> Ce fut le serpent qui creva.
>
> (Voltaire.)

La *prétérition*. — Autre moyen de soutenir l'attention. On feint, pour ne pas fatiguer son public, de passer sur des choses qu'on a bien soin de lui dire. — Je

ne vous peindrai pas... Vous dirai-je?...
A quoi bon vous dépeindre...

La *réticence*. — Brusque suspension du discours qui laisse à entendre ce que l'on veut dire et plus même qu'on ne veut dire.

Un exemple de cette figure est le fameux *quos ego!* de Virgile, qui correspond au français : *Ah! si je vous!...*

La *communication* ou *permission*. — On feint d'entrer dans la passion de ceux qu'on veut ramener, et on se laisse glisser avec eux sur la pente de leur erreur jusqu'au bord d'un abîme qu'on leur montre tout à coup.

« Deux siècles de déprédations et de brigandages ont creusé le gouffre où le royaume est près de s'engloutir. Il faut le combler ce gouffre effroyable. Eh bien ! voici la liste des propriétaires français. Choisissez parmi les plus riches, afin de sacrifier moins de citoyens. Mais choisissez; car ne faut-il pas qu'un petit nombre périsse pour sauver la masse du peuple? Allons, ces deux mille notables possèdent de quoi combler le déficit. Ramenez l'ordre dans vos finances, la paix et la prospérité dans le royaume. Frappez, immolez sans pitié ces tristes victimes, précipitez-les dans l'abîme : il va se refermer... Vous reculez d'horreur... hommes inconséquents! hommes pusillanimes! (MIRABEAU, *troisième Discours sur la contribution du quart.*)

Quelques rhéteurs entendent par *communication* un tour oratoire par lequel on s'identifie avec son client. Des avocats font un étrange emploi de cette figure. — On nous accuse, disent-ils, d'avoir assassiné notre père...

Quand avons-nous manqué d'aboyer un larron?

dit l'avocat du chien *Citron* dans *les Plaideurs*.

La *dubitation*:

Où suis-je? qu'ai-je fait? que dois-je faire encore?

(Racine.)

Dis, Valère, dis-nous, si tu veux qu'il périsse,
Où tu penses choisir un lieu pour son supplice :
Sera-ce entre ces murs que mille et mille voix
Font retentir encor du bruit de ses exploits?
Sera-ce hors des murs, au milieu de ces places
Qu'on voit fumer encor du sang des Curiaces?
Entre leurs trois tombeaux, et dans ce champ d'hon-
Témoin de sa vaillance et de notre bonheur? [neur

(Corneille.)

La *correction*. — L'orateur fait semblant de revenir sur ce qu'il a dit pour l'affirmer plus énergiquement.

« Rougir d'un ami malheureux, c'est une faiblesse; je me trompe, c'est une trahison; je me trompe, c'est une lâcheté. »

La *licence*. — C'est un air de liberté et de feinte rudesse que l'on prend pour faire passer un éloge qui, sans cela, pourrait paraître fade. Quand Boileau dit à Louis XIV :

Grand roi, cesse de vaincre, ou je cesse d'écrire,

ne croirait-on pas que c'est un reproche qu'il lui adresse ?

On disait d'un plat courtisan qui cachait son jeu sous les brusques dehors d'un Alceste, que sa manière de louer pouvait se résumer ainsi : — Sire, je m'expose au malheur de vous déplaire; mais dussé-je me perdre à vos yeux, la vérité me force à vous déclarer hautement que vous êtes le premier prince du monde.

La *concession*. — On accorde à son adversaire les points qui ne sont pas discutés, pour avoir le droit de lui refuser celui qui est en question :

Qu'on vante en lui la foi, l'honneur, la probité;
Qu'on prise sa candeur et sa civilité;

Qu'il soit doux, complaisant, officieux, sincère,
On le veut, j'y souscris, et suis prêt à me taire,
Mais que pour un modèle on montre ses écrits!...

Boileau accorde à Chapelain les qualités que tout le monde lui reconnaît, mais il lui refuse la faculté poétique, — et c'est justement là l'objet de la discussion.

Observation. — Il y a une figure très-brillante, très-usitée chez les orateurs et surtout chez les poëtes, dont je ne trouve mention nulle part dans les rhétoriques :

Elle consiste dans le rapprochement d'une idée abstraite et d'une idée concrète.

Les exemples abondent :

— « Le vieillard reste inébranlable dans son palais et dans sa résolution. » (Virgile.)

Debout dans sa montagne et dans sa volonté.

(V. Hugo.)

— « Déjà Pallas apprête son casque, son char, son égide et sa fureur. » (Horace.)

c.

Sur sa croupe indomptée, avec un cri terrible,
Il s'élance, il saisit sa chevelure horrible,
L'entraîne, et quand sa bouche, ouverte avec effort,
Crie, il y plonge ensemble et la flamme et la mort.

(A. Chénier.)

— « Versez des larmes avec des prières. »

(Bossuet.)

Monument, deux fois impérissable,
Fait de gloire et d'airain.

(V. Hugo.)

Dans l'azur sans limite où la terre se noie,
Guettant les cœurs humains comme l'autour sa
   Il flotte implacable et serein. |proie,
La plume au vent bercée, il erre à l'aventure,
Épuisant au hasard sur toute créature
   Sa rage et son carquois d'airain.

J'ai cru devoir donner ici une place à cette figure; en attendant que les rhéteurs lui donnent un nom.

FIN.

TABLE

INTRODUCTION

Entretiens familiers sur l'éloquence. 1

PREMIÈRE PARTIE

L'ÉLOQUENCE POLITIQUE

I. L'éloquence chez les peuples sauvages. 33
II. L'éloquence chez les Grecs. — Age héroïque. 44
III. Ulysse. 58
IV. L'éloquence grecque dans les cités démocratiques. — Les chefs athéniens. 70

V. Éloquence des chefs athéniens. . . . 80
VI. Démosthène. 93

DEUXIÈME PARTIE

L'ÉLOQUENCE DU BARREAU

I. Caractères généraux de l'éloquence romaine. 145
II. Le pathétique. 152
III. Les prédécesseurs de Cicéron. 170
IV. Cicéron. 177
V. Cicéron avocat. 184

TROISIÈME PARTIE

LA RHÉTORIQUE

I. Les sophistes. 193
II. Socrate. 200
III. Les traités de Cicéron. 206
IV. Utilité de la rhétorique. 212
V. L'orateur. 220
VI. Idée générale du discours. 228

VII. Analyse du discours.	235
VIII. Analyse du discours. — La narration.	243
IX. L'argumentation.	253
X. La péroraison.	262
XI. Le style oratoire.	277
XII. L'action oratoire.	293
Tableau des arguments.	305
Tableau des figures.	323

FIN DE LA TABLE

ROMANS

COLLECTION J. HETZEL & A. LACROIX

BEAUX VOLUMES IN-18

Brochés, à 3 fr. — Cartonnés, à 3 fr. 50 c.

Assolant. — Aventures de Karl Brunner	1 v.
Audebrand. — Schinderhannes	1 v.
Marc Bayeux. — La Sœur aînée	1 v.
De Belloy. — Les Toqués	1 v.
A. de Bernard. — Les Frais de la guerre	1 v.
Bertrand. — Les Mémoires d'un Mormon	1 v.
Lucien Biart. — La Terre-Chaude	1 v.
Émile Bosquet. — Louise Meunier	1 v.
De Baghat. — Les Jeunes Amours	1 v.
— Histoires d'Amour	1 v.
— Les Petits Romans	1 v.
— Les Chemins de la vie	1 v.
Champfleury. — Le Violon de faïence	1 v.
De Cherville. — Histoire d'un Chien de chasse	1 v.
Colombey. — Histoire anecdotique du Duel	1 v.
— L'Esprit des Voleurs	1 v.
— Les Originaux de la dernière heure	1 v.
Delmas de Pont-Jest. — Bolino le Négrier	1 v.
Paul Deltuf. — Mademoiselle Fruchet	1 v.
— Adrienne	1 v.
— Les Femmes sensibles	1 v.
— Jacqueline Voisin	1 v.
— La comtesse de Silva	1 v.
Déquet. — Clarisse	1 v.
Charles Ducom. — Nouvelles gasconnes	1 v.
Duranty. — La cause du beau Guillaume	1 v.
Eckermann et Charles. — Entretiens de Gœthe	1 v.
Erckmann-Chatrian. — Contes de la Montagne	1 v.

— Maître Daniel Rock...	1 v.
— Contes des bords du Rhin. 2ᵉ édition................	1 v.
— Le Joueur de Clarinette. 2ᵉ édition...................	1 v.
— Waterloo. 15ᵉ édition...	1 v.
— L'illustre docteur Mathéus. Nouvelle édition........	1 v.
— Histoire d'un homme du peuple. 8ᵉ édition.........	1 v.
— La maison forestière. 5ᵉ édition........................	1 v.
E. D. Forgues. — Une Parque. — Ma Vie de Garçon........	1 v.
— Elsie Venner...	1 v.
— Gens de Bohême..	1 v.
Arnould Frémy. — Journal d'une jeune Fille pauvre.......	1 v.
— Les Amants d'aujourd'hui...................................	1 v.
— Les Femmes mariées..	1 v.
— Joséphin le Bossu...	1 v.
B. Gastineau. — Amours de Mirabeau.........................	1 v.
— Femmes de l'Algérie..	1 v.
Madame de Girardin. — L'Esprit de Mᵐᵉ de Girardin......	1 v.
Léon Gozlan. — La Folle du n° 16...............................	1 v.
— Le Vampire du Val-de-Grâce...............................	1 v.
— Un Drame à Calcutta...	1 v.
— Les Émotions de Polydore Marasquin (Elzévir)......	1 v.
De Gramont. — Les Gentilshommes riches................	1 v.
— Les Gentilshommes pauvres...............................	1 v.
J. Janin — Contes non estampillés.............................	1 v.
Ch. Jobey. — L'Amour d'une Blanche.........................	1 v.
R. Ch. Kingsley. — Alton Locke.................................	2 v.
Octave Lacroix. — Padro Antonio................................	1 v.
A. Lancret. — Les Fausses Passions............................	1 v.
Th. Lavallée. — Jean-sans-Peur..................................	1 v.
Ch. Lever. — O'Donoghue. Histoire d'une famille irlandaise	2 v.
Félicien Mallefille. — Le Gaucho.................................	1 v.
Mané, Thécel, Pharès. — Histoires d'il y a vingt ans.....	1 v.
Henri Maret. — Tour du monde parisien......................	1 v.
— Les Compagnons de la Marjolaine........................	1 v.
Mayne Reid. — Les Marrons de la Jamaïque................	2 v.
Whyte Melville. — L'interprète...................................	2 v.
Marc Monnier. — Garibaldi. — Conquête des Deux-Siciles.	1 v.
Henri Monnier. — La Religion des Imbéciles...............	1 v.
E. Muller. — Madame Claude......................................	1 v.
— Contes rustiques...	1 v.

ROMANS.

— Pierre et Mariette...................................	1 v.
— La Driette...	1 v.

  Des romans qui sont, à parler plus justement, des histoires morales et touchantes, où la pureté des sentiments égale la simplicité du style. Très-sains et très-attachants.

ADRIEN PAUL. — Les Duels de Valentin..................	1 v.
— Blanche Mortimer....................................	1 v.
PAUL PERRET. — Mademoiselle du Plessé.................	1 v.
— Dame Fortune..	1 v.
LAURENT PICHAT. — Les Poëtes de combat................	1 v.
— Le Secret de Polichinelle...........................	1 v.
— Gaston..	1 v.
EDGAR POË. — Contes inédits...........................	1 v.
ARTHUR PONROY. — Le Présent de Noces..................	1 v.
MAX RADIGUET. — Les Derniers sauvages.................	1 v.
ADRIEN ROBERT. — La Princesse Sophie..................	1 v.
— Le Nouveau Roman comique............................	1 v.
ROBERT HOUDIN. — Les Tricheries des Grecs. 2ᵉ édition....	1 v.
RUFINI. — Découverte de Paris. Nouvelle édition.......	1 v.
G. SALA. — La Dame du premier. Traduction de l'anglais...	2 v.
G. SAND. — Flavie. 3ᵉ édition.........................	1 v.
— Souvenirs et impressions littéraires................	1 v.
— Autour de la table..................................	1 v.
— Amours de l'Age d'Or................................	1 v.
— Les Dames vertes. 3ᵉ édition........................	1 v.
— Théâtre complet.....................................	3 v.
— Promenade autour d'un village.......................	1 v.
— Les Beaux Messieurs de Bois-Doré....................	2 v.
AURÉLIEN SCHOLL. — Histoire d'un Premier Amour........	1 v.
— Les Amours de Théâtre...............................	1 v.
— Aventures romanesques...............................	1 v.
EDMOND TEXIER. — Choses du Temps présent..............	1 v.
TOURGUENEF. — Dimitri Roudine.........................	1 v.
— Une Nichée de Gentilshommes.........................	1 v.
TROIS BUVEURS D'EAU. — Histoire de Mürger.............	1 v.
L. ULBACH. — Le Mari d'Antoinette. 2ᵉ édition.........	1 v.
— Françoise. 2ᵉ édition...............................	1 v.
— Pauline Foucault. 3ᵉ édition........................	1 v.
— Mémoires d'un inconnu...............................	1 v.
— Monsieur et Madame Fernel. 7ᵉ édition...............	1 v.

— Monsieur et Madame Fernel, comédie (2 fr.)........ 1 v.
— Suzanne Duchemin........................... 1 v.
— L'homme aux cinq louis d'or................... 1 v.
— Histoire d'une mère et de ses enfants............. 1 v.
— Les Roués sans le savoir...................... 1 v.
— Voyage autour de mon clocher.................. 1 v.
— Le Prince Bonifacio.......................... 1 v.
— Louise Tardy................................ 1 v.
— Le Parrain de Cendrillon...................... 1 v.
— Le Jardin du chanoine, in-8, 5 fr................ 1 v.
Claude Vignon. — Jeanne de Mauguet .... 1 v.
— Un Drame en province........................ 1 v.
— Les Complices............................... 1 v.
— Récits de la Vie réelle........................ 1 v.
— Victoire Normand............................ 1 v.
Aug. Villemot. — La Vie à Paris. Précédée d'une Étude sur l'Esprit en France, par P. J. Stahl................. 2 v.
Wilkie Collins et Forgues. — La Femme en blanc. 4ᵉ édition 2 v.
— Sans nom. 2ᵉ édition......................... 2 v.
— Une Poignée de romans....................... 2 v.
— Armadale (sous presse)....................... 2 v.
De Wailly et Carleton. — Romans champêtres irlandais.. 2 v.
Madame H. Wood. — Lady Isabel. 2ᵉ édition............. 2 v.
Émile Zola. — Contes à Ninon...................... 1 v.

Volumes à prix divers et de divers formats.

Ed. About. — Rome contemporaine. 1 vol. in-8......... 5 fr.
— La Question romaine. 1 vol. in-8................ 4 fr.
About (Ed.) — Nouvelle préface de la Question romaine. — Brochure in-8................................. 1 50
Anonyme. — Le Prisme de l'Ame. 1 vol. in-8.......... 6 fr.
— Rome. 1 vol. in-8............................ 6 fr.
J.-Bertrand-Arago et sa vie scientifique. Brochure in-8... 1 fr.
Alb. Blanc et Artom. — Œuvre parlementaire du comte de Cavour. 1 vol. in-8............................ 7 50
A.-S. Bruière.—Une Saison en Allemagne. Broch. gr. in-18. 1 fr.
Brun. — Les Évangiles, traduits en vers français. 1 vol. in-8 6 fr.
Pierre Caillet. — Épis et Bluets, avec préface d'Eugène Pelletan. 1 vol. in-8............................ 5 fr.
P. L. de Chennevières. — Les Aventures du petit roi saint

LIVRES D'AMATEURS.

Louis devant Bellesme. 1 beau vol. in-18 imprimé en deux couleurs, caractères elzéviriens. Prix : broché.............	5 fr.
A. E. Foley. — Quatre années en Océanie. 1 vol. in-8.....	3 fr.
Ernest Lafond, traducteur. — Les Contemporains de Shakspeare :	
— Ben Johnson. 2 vol. in-8...............................	12 fr.
— Massinger. 1 vol. in-8.................................	6 fr.
— J. Webster et J. Ford. 1 vol. in-8.....................	6 fr.
— Beaumont et Fletcher. 1 vol. in-8......................	6 fr.
— Marlowe et Lilly. 1 vol. in-8..........................	6 fr.
Désiré Laverdant. — Appel aux artistes contre le sphinx et Satan pour le Christ, la Madone et le Paradis. — Bilan des salons français. — Bourcart, 1699, 1864. Brochure in-8...................................	1 fr.
Jacques Maissiat. — Jules César en Gaule, avec carte. 1 vol. grand in-8..	10 fr
(Le tome 2e est sous presse).	
Nadar. — Le droit au vol. In-18	1 fr.
Louis Pfau. — Études sur l'Art. 1 vol....................	5 fr.
Louis Ratisbonne. — Les Figures jeunes. 1 vol. in-8	5 fr.
Raynald. — Histoire politique et littéraire de la Restauration. 1 vol. in-8......................................	5 fr.
H. Richelot. — Gœthe, ses Mémoires et sa Vie. 4 vol. in-8.	24 fr.
(L'ouvrage le plus complet sur la matière.)	
W. de La Rive. — Souvenirs sur M. de Cavour. 1 vol. in-8.	6 fr.
D. F. Strauss. — Nouvelle Vie de Jésus, traduite de l'allemand par A. Nefftzer et Ch. Dollfus, seule traduction autorisée par l'auteur. 2 beaux vol. in-8. Prix...	12 fr.

LIVRES D'AMATEURS ET DE BIBLIOPHILES

ÉDITIONS ILLUSTRÉES DE GRAND LUXE.

LES CONTES DE PERRAULT, préface de Stahl. Splendide édition in-folio, illustrée par Gustave Doré. Riche reliure anglaise..	70 fr.

« Faire l'éloge de cette édition serait maintenant tout aussi oiseux que de louer les contes de Perrault eux-mêmes. Les dessins dont elle est ornée sont regardés à juste titre comme l'œuvre la plus réussie de Gustave Doré. Qu'en pourrait-on dire de plus? L'introduction écrite par Stahl, sur l'utilité des contes *de fées*, contient elle-même toute une série de contes d'une moralité appropriée à l'intelligence des enfants et très-probante en même temps pour ce qu'il s'agit de démontrer.

DAPHNIS ET CHLOÉ. — Traduction d'AMYOT, complétée par P. L. COURIER. 42 compositions au trait, en couleur dans le texte, par BURTHE. Préface par AMAURY DUVAL. Magnifique édition in-folio en deux couleurs, imprimée par CLAYE.................................... **50 fr.**

    Une des rares traductions, comme on sait, qui rivalise entièrement avec son original, qui en ait non-seulement rendu le texte avec fidélité, mais reproduit la couleur propre et toutes les grâces de style. Elle a en outre cela de précieux au point de vue de la linguistique, qu'étant écrite dans la langue du xvie siècle, elle conserve à l'état vivant et dans un livre toujours lu cette forme remarquable de notre idiome. — Les dessins de Burthe, inspirés du goût de l'antique le plus pur et le plus délicat, achèvent de faire de cette édition l'édition capitale du livre d'Amyot et de Courier.

L'AMOUR ET PSYCHÉ. Magnifique livre-album orné de 20 eaux-fortes dessinées et gravées par FRŒLICH. Relié. **40 fr.**

    Une de ces œuvres que l'artiste accomplit sans se préoccuper du public, — qu'il a choisie lui-même, longtemps méditée et exécutée avec amour, où il met ainsi tout ce qu'il y a en lui de force, de goût et de talent. M. Frœlich compte désormais parmi les plus heureux interprètes du mythe célèbre sur lequel se sont exercés tant de plumes et de pinceaux éminents.

ALBUM DES DAMES. Collection de types et portraits de femmes, peints d'après nature, par J. B. LAURENS; lithographiés avec grand luxe, en aquarelle, par son frère JULES LAURENS et imprimés par LEMERCIER. — Poésies par J. SOULARY, Mme BLANCHECOTTE, etc. — Musique de divers maîtres et de l'auteur des portraits originaux. 1 vol. splendide grand in-4°.—25 planches. Cartonné... **50 fr.**

    Cette curieuse et séduisante collection des types féminins les plus variés est peut-être le spécimen le plus parfait de l'art de la chromo-lithographie. Par l'agrément du fond et la beauté de l'exécution, elle a sa place marquée sur les tables de salon de tous les châteaux et villas.

J. HETZEL, 18, RUE JACOB.

Ouvrages illustrés in-8 et in-18.
BIBLIOTHÈQUE DES FAMILLES
ÉDUCATION ET RÉCRÉATION
Volumes in-8°.

ALFRED DE BRÉHAT.

LES AVENTURES D'UN PETIT PARISIEN. — 1 beau vol. in-8, illustré par Morin, relié, 10 fr.; broché.......... 6 fr.

Aussi amusant que le *Robinson suisse*, instructif, moral et littéraire; beaucoup de variété et de mouvement. Grand succès de famille; traduit en plusieurs langues.

LOUIS DESNOYERS.

AVENTURES DE JEAN-PAUL CHOPPART, nouvelle édition illustrée de nombreuses vignettes par Giacomelli, 1 vol. in-8. Prix: relié, 10 fr.; broché............... 6 fr.

Livre original, robuste, très-bon et très-amusant pour les enfants et excellent pour servir d'antidote aux idées d'indépendance et de rébellion, toujours inspirées de la paresse, qui travaillent souvent les jeunes têtes. Succès consacré et on ne peut plus légitime.

COMTE DE GRAMONT.

LES BÉBÉS, poésies de l'enfance, illustrés par Oscar Pletsch. 1 vol. in-8°. Prix: relié, 10 fr.; broché....... 6 fr.

LES BONS PETITS ENFANTS (vol. en prose), vignettes par Ludwig Richter. 1 vol. in-8. Prix: relié, 10 fr.; broché... 6 fr.

Ces deux volumes sont ornés de nombreuses vignettes par les deux dessinateurs de scènes enfantines les plus en renom de l'autre côté du Rhin, Ludwig Richter et Pletsch. Jolis textes, ingénieusement variés, d'un style pur et élégant.

ÉDITIONS ILLUSTRÉES.

A. KÆMPFEN.

LA TASSE A THÉ, 12 gravures hors texte, nombreuses vignettes. 1 vol. in-8. Prix : relié, 10 fr.; broché...... 6 fr.

> Très-aimable récit qui, par la délicatesse des sentiments et du style, est digne de prendre place dans toutes les bibliothèques de jeunes filles. Très-remarquable sous tous les rapports. On y apprend notamment ce qu'il y a de plus curieux et de plus essentiel à savoir sur la Chine et les mœurs de ses habitants.

Mme S. LOCKROY.

LES FÉES DE LA FAMILLE. 1 beau vol. in-8, illustré par DE DONCKER. Prix : relié, 10 fr.; broché.......... 6 fr.

> Recueil de contes bien composés et écrits avec un rare naturel, qui ne renferment pas seulement de bonnes pensées, mais des pensées d'un ordre élevé; le merveilleux qui les enveloppe en rend la lecture très-attrayante pour les enfants, tandis que la pureté de la morale intelligente qui s'en dégage les fait goûter des parents.

JEAN MACÉ.

HISTOIRE D'UNE BOUCHÉE DE PAIN. — Illustrée par FRŒLICH. 1 vol. in-8. Prix : relié, 10 fr.; broché...... 6 fr.

> Un des chefs-d'œuvre de notre temps, dont le succès plus qu'européen n'a pas cessé de grandir. Chez M. Macé, l'homme de cœur, de goût et d'esprit est à la hauteur du savant. Ce livre a rendu non-seulement possible, mais attrayante, pour les jeunes filles et les jeunes garçons, l'histoire naturelle de l'être humain.

LES CONTES DU PETIT-CHATEAU, illustrés par BERTALL. 1 beau vol. in-8. Prix : relié 10 fr.; broché........ 6 fr.

> Aussi remarquables comme récit que les *Contes de Perrault*, ces contes sont pour les enfants des leçons plus directes et plus facilement intelligibles. En même temps, lecture singulièrement attachante par l'originalité des inventions, la vivacité et l'entrain du style.

LE THÉATRE DU PETIT-CHATEAU. 1 beau vol. in-8 sur vélin, illustré par FROMENT. Prix: relié, 10 fr.; broché. 6 fr

> Un vrai théâtre pour les enfants de notre temps, gai, instructif, varié, sans rien de suranné ni de banal. Il peut se lire aussi bien que se jouer, et être joué dans les familles ainsi que dans les institutions.

L'ARITHMÉTIQUE DU GRAND-PAPA (*Histoire de deux Petits Marchands de pommes*), illustrations de YAN'-DARGENT. 1 vol. in-8. Prix : relié, 10 fr.; broché...... 6 fr.

Charmant conte où les enfants peuvent apprendre en se jouant la numération, les quatre règles, les fractions et le système décimal. Ingénieux et original comme tous ceux de son auteur, ce livre est la meilleure préparation à l'étude aride de l'arithmétique et la plus jolie sans comparaison sous le rapport littéraire.

CHARLES MARELLE.

LE PETIT MONDE. 1 vol. in-8°, illustré de nombreux dessins et vignettes. Prix : relié : 10 fr.; broché....... 6 fr.

Petits récits et apologues divers, sans prétention mais d'une naïveté charmante et d'un sentiment excellent. — Ce volume convient principalement aux enfants du premier âge.

E. MULLER.

RÉCITS ENFANTINS, illustrés par FLAMENG. 1 vol. in-8°. Prix : relié, 10 fr.; broché................... 6 fr.

Beaucoup de variété dans les sujets, une forme vive et simple; bien sentis, très-bons et très-attachants pour les enfants, dès qu'ils savent lire et même avant.

GOLDSMITH, traduction de CHARLES NODIER.

LE VICAIRE DE WAKEFIELD, illustré de dix belles gravures sur acier par TONY JOHANNOT. Grand in-8. Prix : relié, 10 fr.; broché................... 6 fr.

Un des rares romans qui peuvent être lus par les jeunes gens et les jeunes personnes non-seulement sans danger, mais avec fruit; classique pour le style en France comme en Angleterre.

Choisi par le ministère pour les bibliothèques communales.

EUGÈNE NOEL.

LA VIE DES FLEURS, illustrations de YAN' DARGENT. 1 vol. in-8, relié, 10 fr.; broché..................... 6 fr.

Ouvrage excellent pour inspirer le goût de la botanique et préparer à son étude. Convient à tous les âges, très sympathique et très-agréable.

Choisi par le ministère pour les bibliothèques communales.

ÉDITIONS ILLUSTRÉES.

XAVIER SAINTINE.

PICCIOLA, 39ᵉ édition, illustrée à nouveau par FLAMENG. 1 vol. in-8. Prix : relié, 10 fr.; broché.............. 6 fr.

> Un livre pour lequel toute apologie est depuis longtemps superflue; sain, touchant, aimable, gracieux, ne développant la sensibilité que dans le sens le plus droit, le plus moral: un vrai livre de jeunes filles.

COMTE ANATOLE DE SÉGUR.

FABLES illustrées par FRŒLICH. 1 beau vol. in-8. Prix : relié, 10 fr.; broché................................. 6 fr.

> Élégance et distinction de forme, morale aimable et solide, sentiments élevés, telles sont les qualités qui recommandent particulièrement ce recueil à l'attention des familles. Jeunes filles et jeunes gens le liront avec autant de profit que de plaisir.

P. J. STAHL ET MULLER.

LE ROBINSON SUISSE, revu et mis au courant de la science moderne, environ 150 dessins de YAN' DARGENT. 1 vol. grand in-8. Prix : relié, 10 fr.; cartonné doré, 8 fr.; broché................................ 6 fr.

> En conservant toutes les qualités de l'ouvrage original, qui l'ont rendu si cher aux enfants, la nouvelle traduction en a fait disparaître les erreurs scientifiques, les longueurs et les autres défauts qui le déparaient. C'est maintenant un livre aussi sain, aussi solide qu'il est intéressant et agréable.

E. VAN BRUYSSEL.

HISTOIRE D'UN AQUARIUM ET DE SES HABITANTS, 1 vol. grand in-8, avec dessins en 12 couleurs, chef-d'œuvre typographique imprimé par Silbermann de Strasbourg, d'après BECKER et RIOU. Prix : relié, 8 fr.; cartonné... 6 fr.

> Les femmes du monde, les jeunes personnes et les jeunes gens trouveront dans cet excellent et charmant livre des enseignements pratiques très-judicieux, joints à des notions d'histoire naturelle rigoureusement fondées sur l'observation la plus sage et la plus sûre.

J. HETZEL, 18, RUE JACOB.

JULES VERNE.

CINQ SEMAINES EN BALLON, 1 vol. in-8, illustré par Riou. Prix : relié, 10 fr.; cartonné, doré, 8 fr.; broché.   6 fr.

    Résumé de toutes les connaissances fournies par les découvertes modernes sur l'intérieur du continent africain. Science solide, jointe à un talent éminent de romancier et d'écrivain. C'est le procédé de Walter Scott appliqué à la géographie. Récit singulièrement dramatique et attachant pour tous les âges.

P. J. STAHL.

LA BELLE PETITE PRINCESSE ILSÉE, illustrée par E. Froment. Édition grand in-8. Prix : relié, 7 f.; broché   5 fr.

    Livre fait pour figurer au premier rang dans une bibliothèque de jeune fille. La grâce, le charme, la pureté de la forme sont réunis à une moralité irréprochable dans cet ouvrage écrit en allemand par une jeune fille et mis en français par Stahl.
    Le volume, imprimé avec titre et encadrements en couleurs, orné d'estampes et de vignettes dues au talent si distingué et si poétique d'E. Froment, est de plus un ravissant album.

VICTOR HUGO.

LES ENFANTS (*le Livre des Mères et des Jeunes Filles*), la fleur des poésies de Victor Hugo ayant trait à l'enfance, illustrée par Froment. 1 vol. grand in-8. Prix : relié, 15 fr.; broché....................................   10 fr.

    Victor Hugo est peut-être de tous les poëtes qui ont existé celui qui a le mieux parlé des enfants. Pour les décrire, pour rendre leurs impressions et analyser leurs sentiments, il déploie autant de grâce et de délicatesse qu'il montre de force et de profondeur dans d'autres sujets. En formant ce recueil dont l'idée était toute naturelle, le poëte et l'éditeur ont surtout pensé aux mères, aux jeunes filles et aux jeunes gens qui trouveront dans ces beaux vers une source de nobles et salutaires émotions.

LOUIS RATISBONNE.

LA COMÉDIE ENFANTINE, riche édition illustrée par Gobert et Froment. — *Ouvrage couronné par l'Académie.* — 5ᵉ édition (1ʳᵉ série). 1 vol. in-8; broché......   10 fr.

ÉDITIONS ILLUSTRÉES.

NOUVELLES ET DERNIÈRES SCÈNES DE LA COMÉDIE ENFANTINE, à l'usage du second âge, illustrées par FROMENT. Riche édition pareille à la première série. Gravures à part, d'après FROMENT, tirées en couleur. 1 beau vol. sur vélin (dernière série); broché........ 10 fr.

> Ces deux volumes sont consacrés comme des classiques de la récréation pour les enfants du premier et du second âge. De toutes les petites pièces qui les composent, il n'y en a pas une qui, sous une forme simple, claire et élégamment familière, n'offre quelque utile et charmant enseignement.

LE NOUVEAU MAGASIN DES ENFANTS. Édition in-8. 4 séries. Textes par SAND, NODIER, BALZAC, GOZLAN, DE MUSSET, LA BÉDOLLIÈRE, A. KARR, P. J. STAHL, etc. Séparément... 10 fr.

GEORGE SAND.

ROMANS CHAMPÊTRES. 2 magnifiques volumes in-8, illustrés par T. JOHANNOT. Broché, 20 fr. Séparément.. 10 fr.

> Ce qui est sorti de plus exquis peut-être de cette plume célèbre.

L. FRŒLICH.

ALPHABET DE MADEMOISELLE LILI, 1 vol., album in-4, trente dessins, texte par UN PAPA, Relié, 5 fr.; cartonné   3 fr.

> Ingénieuses compositions où les enfants apprendront à lire les noms des objets comme ils ont appris à les dire, en les voyant. Grâce à ces jolies images, leurs premières leçons de lecture deviendront une véritable récréation.

LA JOURNÉE DE MADEMOISELLE LILI. 1 joli vol.-album grand in-8 sur vélin. Texte par UN PAPA. Cartonné. 9e édition. Relié, 5 fr.; cartonné............. 3 fr.
Du même ouvrage, une édition en allemand, cartonné.... 3 fr.
—   —   en anglais,   —   .... 3 fr.
—   —   en danois,   —   .... 3 fr.

> Une des meilleures inspirations de M. Frœlich que les enfants inspirent toujours si bien. Immense succès, non-seulement auprès des bébés qui se voient dans ce joli album comme dans un aimable miroir, mais auprès des papas et des mamans qui y ont retrouvé avec bonheur les faits et gestes et jusqu'aux idées de leurs enfants, car les légendes inscrites au-dessous des dessins par un papa sont elles-mêmes de la plus gracieuse vérité.

MADEMOISELLE LILI A LA CAMPAGNE, album grand
in-8, sur vélin, 24 grands dessins à la plume, texte par
P. J. STAHL. — Relié, 8 fr.; cartonné.................. 5 fr.

> Nouvel épisode de la vie de Mademoiselle Lili, qui ne sera
> pas moins bien accueilli que la journée de Mademoiselle Lili:
> les dessins ont la même ingénuité gracieuse; le texte, plus
> développé, court avec une vivacité et une gaieté propres à
> ravir des intelligences enfantines et à leur faire goûter les
> aimables leçons qui s'y trouvent mêlées. — Bijou typographi-
> que d'ailleurs.

MICK NOEL.

L'HISTOIRE DU GRAND ROI COCOMBRINOS. Cartonné. 3 fr.
LES MÉSAVENTURES DU PETIT PAUL. Cartonné..... 2 fr.

> Silhouettes comiques qui comblent de joie les tout petits
> enfants, et qui, avec les textes amusants qui les accompagnent,
> font rire encore les plus grands.

ALEXANDRE DUMAS.

LA BOUILLIE DE LA COMTESSE BERTHE, illustrée par
BERTALL. In-18, cartonné, 3 fr.; broché.............. 2 fr.

> Plein d'entrain et d'originalité comme tout ce qui est sorti
> de cette plume féconde; ce conte a déjà fait le bonheur de
> plusieurs générations d'enfants, et son succès n'est pas près de
> s'épuiser.

CHARLES NODIER

TRÉSOR DES FÈVES ET FLEUR DES POIS, illustré par
TONY JOHANNOT. In-18. Cartonné, 3 fr.; broché........ 2 fr.

> Mêmes qualités qu'aux volumes précédents, mais en des su-
> jets particulièrement appropriés à l'enfance. Gai ou touchant,
> Nodier est toujours dans une juste mesure, et l'impression qu'il
> laisse est excellente.

ÉDUCATION ET RÉCRÉATION
IN-18 NON ILLUSTRÉS

Andersen. — Nouveaux Contes suédois.................... 1 v.
Choisi par le ministère pour les bibliothèques communales.

Joseph Bertrand, de l'Institut. — Les Fondateurs de l'astronomie moderne. 3ᵉ édition. 1 vol .... 3 fr.
On a dit de ce beau livre qu'il était le Plutarque de la science astronomique résumée dans l'histoire de ses représentants les plus éminents : Copernic, Tycho-Brahé, Kepler, Galilée, Newton. Sera lu avec beaucoup de fruit et d'intérêt par les jeunes gens, les jeunes personnes et les gens du monde comme par les savants. Modèle de style ferme, clair, sobre, sans sécheresse.
Choisi par le ministère pour les bibliothèques communales.

Alexandre Bertrand. — Lettres sur les révolutions du globe, suivies de notes, par MM. Arago, Ampère, Élie de Beaumont, H. Sainte-Claire Deville, Ad. Brongniart, etc., et précédées d'une préface par J. Bertrand, de l'Institut. 7ᵉ édition. 1 vol.. 3 50
Les noms illustres qui se sont associés à la publication de cet ouvrage, en disent assez le haut mérite. L'auteur, dans un vocabulaire qui est celui de tout le monde, y a exposé et discuté les faits principaux qui se rattachent à l'étude si intéressante de la géologie, ainsi que les questions qu'elle soulève. Il donne à ses lecteurs, pour ainsi dire, la pure moelle de cette science, en leur épargnant la peine de briser l'os.
Choisi par le ministère pour les bibliothèques communales.

Victor Borie. — L'Année rustique (1862-1863). 2 v....... 3 fr.
Choisi par le ministère pour les bibliothèques communales.

De Bréhat. — Aventures d'un Petit Parisien. 1 vol....... 3 fr.
Voir aux livres illustrés.
Choisi par le ministère pour les bibliothèques communales

Émile Carlen. — Un brillant mariage. 1 v................ 3 fr.
Livre excellent pour les jeunes filles, les jeunes femmes, les jeunes gens; apprend à ceux qui sont riches qu'ils peuvent devenir pauvres et être heureux en retrouvant une vie simple; goût littéraire exquis joint au sentiment le plus sain.

Chamfort. — (Édition Stahl, à l'usage des gens du monde). 1 vol.. 3 fr.

CHARLES CLÉMENT. — Michel-Ange, Léonard de Vinci, Raphaël, avec une étude sur l'art en Italie avant le XVIe siècle, et des catalogues raisonnés, historiques et bibliographiques. 1 vol. in-18 broché..................... 5 fr.

    Histoire complète de la peinture à l'époque de la Renaissance, faite par celle de ses plus illustres représentants. La profonde connaissance du sujet, le sentiment exquis de l'art, le talent d'écrivain et de critique que révèle ce livre, en font un véritable classique.

ECKERMANN et CHARLES. — Entretiens de Gœthe. 1 vol..... 3 fr.

ERCKMANN-CHATRIAN. — L'Invasion ou le Fou Yégof. 9e édition. 1 vol................. 3 fr.

— Madame Thérèse. 10e édition. 1 vol............... 3 fr.
Choisi par le ministère pour les bibliothèques communales.

— Histoire d'un Conscrit de 1813. 16e édition. 1 vol... 3 fr.

MICHEL FARADAY. — Histoire d'une chandelle, traduite par W. HUGHES, avec une notice biographique et des travaux complémentaires sur l'acide stéarique, le gaz et les lumières éblouissantes, par HENRI SAINTE-CLAIRE DEVILLE, de l'Institut. Avec de nombreuses figures. 1 vol......... 3 50

    Histoire complète de tous les modes d'éclairage ainsi que des phénomènes chimiques qui s'y rattachent, mise à la portée des enfants par les deux plus célèbres chimistes contemporains, l'un Anglais, l'autre Français. C'est pour la physique et la chimie ce qu'est l'*Histoire d'une Bouchée de pain* pour la physiologie et l'anatomie.

Choisi par le ministère pour les bibliothèques communales.

JONATHAN FRANKLIN. — La vie des animaux, histoire anecdotique, naturelle et biographique des animaux.

    Cet ouvrage, entièrement inédit, d'un savant naturaliste anglais, a été recueilli, mis en ordre, revu et traduit par M. Alphonse Esquiros; il est considéré comme un classique à l'usage de la jeunesse.

    Mammifères. 2 vol...................... 3 50
    Oiseaux. 1 vol........................ 3 50
    Reptiles. 1 vol........................ 3 50
    Le Monde des Eaux. 1 vol............... 3 50
    Le Monde des Métamorphoses. 1 vol........ 3 50

Choisi par le ministère pour les bibliothèques communales.

PIERRE GRATIOLET. — De la Physionomie et des mouvements d'expression, avec une étude sur la vie et les travaux de

ÉDUCATION ET RÉCRÉATION.

l'auteur, par L. Grandeau. Orné du portrait de l'auteur
1 vol.. 3 50

 Le seul ouvrage de science positive qui existe sur la matière. Indispensable aux artistes, aux littérateurs, ainsi qu'aux jeunes gens qui se destinent aux professions libérales. Utile et curieux pour tout le monde. Chef-d'œuvre de style.
 Choisi par le ministère pour les bibliothèques communales.

Ed. Grimard. — La Plante, *botanique simplifiée*, avec une introduction de Jean Macé. — 2 forts vol. grand in-18... 10 fr.
 Séparément, chacun................................... 5 fr.

 Livre charmant et éloquent, le mieux fait qu'on puisse trouver pour inspirer le goût de la botanique. Tout en usant de ménagements infinis pour rester clair et intéressant, l'auteur a su ne négliger aucun détail. Il a donné à la fois l'histoire de la plante vivante et celle de la plante scientifique. Le guide le plus sûr et le plus agréable aussi pour les campagnes d'herborisation.

Immermann. — La blonde Lisbeth, traduction de A. Nefftzer.
1 vol.. 3 fr.
 Ouvrage regardé comme un chef-d'œuvre et comme classique en Allemagne.

Th. Lavallée. — Histoire de la Turquie. 2 vol........... 3 fr.
 Choisi par le ministère pour les bibliothèques communales.

 — Les Frontières de la France. Ouvrage couronné par l'Académie. 2ᵉ édition. 1 vol..................... 3 fr.
André Lefèvre. — Les Bucoliques de Virgile. 1 vol...... 3 fr.
Macaulay. — Histoire et critique. 1 vol.................. 3 fr.
 Choisi par le ministère pour les bibliothèques communales.

Jean Macé. — Histoire d'une bouchée de pain, 17ᵉ édition.
 1 vol... 3 fr.
 — Les Serviteurs de l'estomac, suite de la Bouchée de
  pain. 1 vol... 3 fr.
 — Contes du Petit-Château. Nouvelle édition, 1 vol..... 3 fr.
 — Théâtre du Petit-Château. Nouvelle édition, 1 vol.... 2 fr.
 — L'Arithmétique du grand-papa (*Histoire de deux Petits Marchands de pommes*), 1 vol............... 1 fr.
 Choisis par le ministère pour les bibliothèques communales.

 — Conseils pour l'établissement des Bibliothèques communales. Brochure in-8 (*envoi franco*)............ » 20
  100 exemplaires à la fois.   —   12 fr.

— Morale en Action. — Mouvement de propagande intellectuelle en Alsace. 1 vol. grand in-18........ 1 fr.

A. MAURY (le Commandant). — Géographie physique à l'usage de la jeunesse et des gens du monde; traduite de l'anglais par MM. ZURCHER et MARGOLLÉ. 1 vol. in-18.... 3 50

Description raisonnée du globe terrestre, avec l'explication des lois qui en régissent les divers accidents, vents, courants, marées, montagnes, volcans, etc. Livre éminemment sympathique, excellent pour fixer dans l'intelligence des enfants l'ensemble des grands phénomènes qui constituent la vie propre et permanente de notre globe.

Choisi par le ministère pour les bibliothèques communales.

MAYNE REID. — Aventures de terre et de mer, traduites par E. ALLOUARD. Avec dessins par RIOU. 1 vol........ 3 50

Choisi par le ministère pour les bibliothèques communales.

— Les jeunes esclaves, aventures de terre; traduction d'E. ALLOUARD, avec dessins par RIOU. 1 vol...... 3 50

EUGÈNE MULLER. — La Jeunesse des hommes célèbres. 1 vol. 3 fr.

— La Mionette. 5ᵉ édition. 1 vol..................... 3 fr.

CHARLES NODIER. — Contes choisis illustrés de 10 jolies gravures sur acier, par TONY JOHANNOT. Grand in-18 imprimés en caractères elzéviriens. 2 vol., chaque. 3 50

Mᵐᵉ MARIE PAPE-CARPENTIER, directrice du cours pratique des salles d'asile. — Le Secret des grains de sable, *Géométrie de la Nature*. 1 vol. in-18 avec figures.......... 3 fr.

PAULIN PARIS. — Garin-le-Loherain. 1 vol.............. 3 fr.

LOUIS RATISBONNE. — La Comédie enfantine et les dernières scènes de la Comédie enfantine. Les 2 séries. 1 vol...... 3 fr.

F. ROULIN, membre de l'Institut. — Histoire naturelle et souvenirs de voyage. 1 vol........................ 3 fr.

Causeries charmantes sur l'histoire naturelle et sur une foule de questions qui s'y rattachent, par un savant qui a beaucoup vu par lui-même et qui est en même temps un des lettrés les plus spirituels et l'un des plus judicieux critiques de notre temps.

Choisi par le ministère pour les bibliothèques communales.

CH. ROZAN. — Petites ignorances de la conversation, 4ᵉ édition. 1 vol.. 3 fr.

Histoire de toutes les locutions proverbiales et singulières de notre langue, avec leur origine, les faits qui y ont donné lieu et les anecdotes qui s'y rattachent. Livre curieux, amusant et indispensable à qui veut bien connaître la langue française.

Choisi par le ministère pour les bibliothèques communales.

ÉDUCATION ET RÉCRÉATION.

A. Sayous. — Lettres à une mère sur l'éducation littéraire de ses enfants. 1 vol................................. 3 fr.
Choisi par le ministère pour les bibliothèques communales.

— Principes de littérature. 1 vol................... 3 fr.

P. J. Stahl et E. Muller. — Le Robinson suisse, traduction entièrement nouvelle, revue et mise au courant de la science moderne. 1 vol................................. 3 fr.
Choisi par le ministère pour les bibliothèques communales.

P. J. Stahl. — Morale familière (sous presse). 1 vol...... 3 fr.

Thiers. — Histoire de Law. 1 vol....................... 3 fr.

Jules Verne. — Cinq semaines en ballon. 9e édit. 1 vol... 3 fr.
— Voyage au centre de la terre. 5e édition. 1 vol...... 3 fr.
— De la terre à la lune, trajet direct en 97 heures, 13 minutes, 20 secondes. 4e édition. 1 vol....... 3 fr.
— Les Anglais au pôle Nord. 1 vol.................... 3 fr.
— Le Désert de glace. 1 vol.......................... 3 fr.
Choisis par le ministère pour les bibliothèques communales.

Les livres de Jules Verne sont de ceux qui devraient être dans toutes les mains. Ils conviennent à tous les âges. Ils sont amusants comme les romans des meilleurs maîtres du genre, et utiles comme les meilleurs livres de science.

Baron de Wogan. — Voyages et aventures du baron de Wogan. 1 vol.................................... 3 fr.
Choisi par le ministère pour les bibliothèques communales.

Zurcher et Margollé. — Les Tempêtes. — Orages. — Trombes. — Ouragans. — Ras de marée. — Cyclones. — Météores. — Orages magnétiques. — Lacs des tempêtes. — Prévisions du temps. — Légendes et traditions. 1 vol....... 3 fr.
Choisi par le ministère pour les bibliothèques communales.

N. B. La plupart des livres de la *Bibliothèque d'éducation et de récréation* sont propres à être donnés en prix dans les lycées, dans les institutions des deux sexes. Ils ont leur place marquée comme complément d'éducation dans les familles, et ont été choisis pour la plupart pour les bibliothèques scolaires, communales, Franklin et autres.

Paris. — Imp. L. Poupart-Davyl, 30, rue du Bac.

Bibliothèque
D'ÉDUCATION ET DE RÉCRÉATION
ÉDITIONS IN-18 SANS VIGNETTES

Jean Macé. *Histoire d'une bouchée de pain*; lettres à une petite fille sur la vie de l'homme et des animaux. 19ᵉ édition. . . . 3 »
— *Les Serviteurs de l'estomac*, pour faire suite à l'*Histoire d'une bouchée de pain*. 3ᵉ édition. 1 vol. . . . . 3 »
— *Les Contes du petit château*. 3ᵉ édition. 1 vol. . . . . 3 »
— *Le Théâtre du petit château*. 1 vol. . . . . 2 »
— *L'Arithmétique du grand-papa*; histoire de deux petits marchands de pommes. 9ᵉ édition. . . . . 3 »
Erckmann-Chatrian. *La Guerre*. 4ᵉ édition. . . . . 3 »
— *L'Invasion ou le Fou Yégof*. 9ᵉ édition. . . . . 3 »
Jules Verne. *Cinq Semaines en Ballon*; voyages de découvertes en Afrique. 9ᵉ édition. . . . . 3 »
— *Voyage au centre de la terre*. 3ᵉ édition. . . . . 3 »
— *De la terre à la lune, trajet direct en 97 heures*. . . . . . 3 »
— *Les Anglais au pôle nord*. 1 vol. . . . . 3 »
— *Le Désert de glace*. 1 vol. . . . . 3 »
Ch. Clément. *Michel-Ange, Raphaël et Léonard de Vinci*. Un beau vol. 2ᵉ édition. . . . . 3 »
Stahl et Muller. *Le Nouveau Robinson suisse*. . . . . 3 »
Théophile Lavallée. *Les Frontières de la France*, ouvrage couronné par l'Académie française. 4ᵉ édition. . . . . 3 »
Pierre Gratiolet. *De la Physionomie et des Mouvements d'expression*; orné d'un portrait de l'auteur. 3 50
Faraday. *Histoire d'une chandelle*; traduite par William Hughes, complétée et revue par Henri Sainte-Claire Deville; avec figures par Jules Duvaux. 3 50
Maury (le commandant). *Géographie physique*; traduite par Margollé et Zurcher, avec une carte. . . . . 3 »
Mayne-Reid (le capitaine). *Aventures de terre et de mer*; traduites par E. Allouard. Dessins de Riou. 3 50
— *Les Jeunes Esclaves*, aventures de terre. Illustrés. 3 50
F. Bertrand (de l'Institut). *Les Fondateurs de l'astronomie moderne*. 3ᵉ édition. 3 »
Ed. Grimard. *La Plante*, botanique simplifiée, avec une préface de Jean Macé. 2 vol. 10 fr., séparément. . . . . 5 »
Principes de littérature. *Conseils à une mère sur l'éducation littéraire de ses enfants*, par A. Sayous. Un beau vol. in-18. br. 3 »
Conseils à une mère sur l'éducation littéraire de ses enfants, par A. Sayous. 1 vol. 3 »
Roulin, membre de l'Institut. *Histoire naturelle et souvenirs de voyages*. 1 vol. . . . . 3 »
A. Bertrand. *Lettres sur les révolutions du globe*. 1 vol. . . 3 50
Zurcher et Margollé. *Les Tempêtes*. 1 vol. . . . . 3 »
D. Ordinaire. *Dictionnaire de mythologie*. 1 vol. . . . . . . 3 »
Mme Marie Pape-Carpentier. *Le Secret des grains de sable, ou Géométrie de la nature*. . . . . 3 »

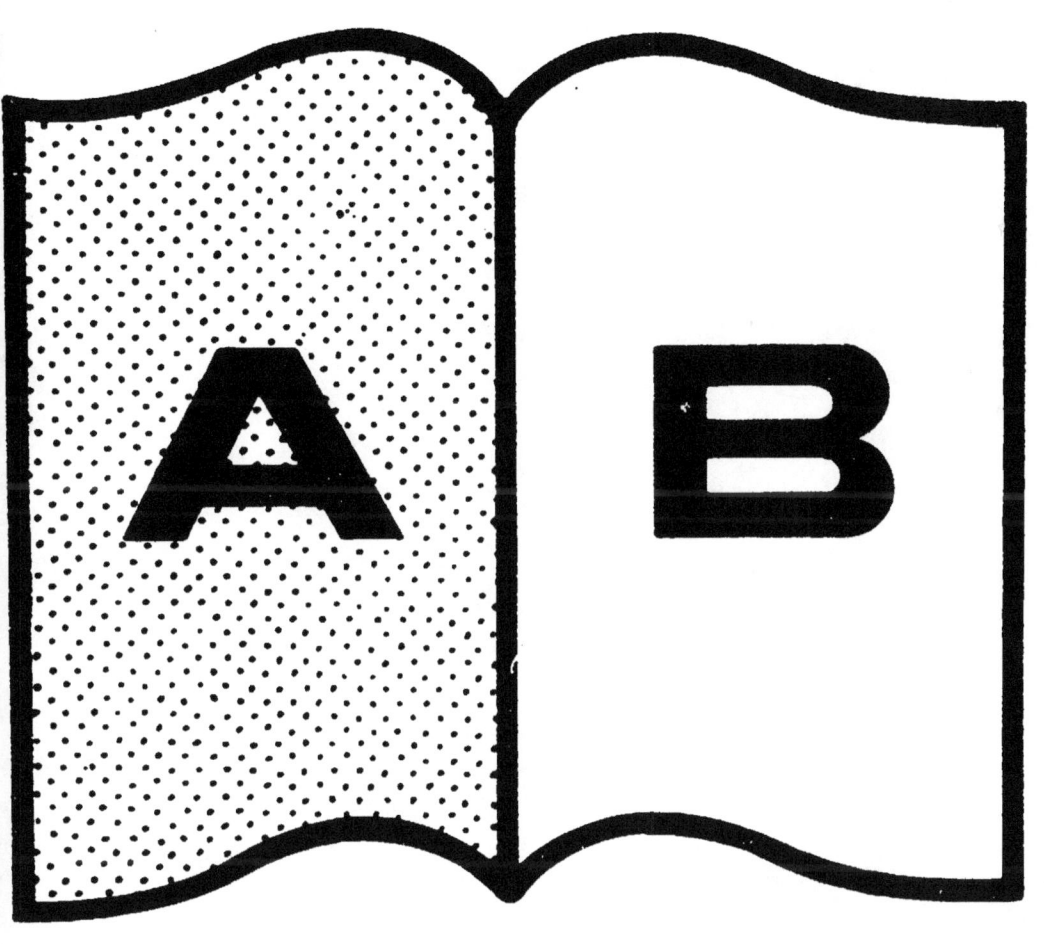

Contraste insuffisant

NF Z 43-120-14